Adam Lonicer

**Ordnung für die Pestilentz**

Adam Lonicer

**Ordnung für die Pestilentz**

ISBN/EAN: 9783743307063

Hergestellt in Europa, USA, Kanada, Australien, Japan

Cover: Foto ©ninafisch / pixelio.de

Manufactured and distributed by brebook publishing software (www.brebook.com)

Adam Lonicer

**Ordnung für die Pestilentz**

# Ordnung Für die Pestilentz.

## I. PRAESERVATIVA.

Wie sich ein jeder in zeit Regirender Pestilentz halten/vnd sich darfür bewaren soll.

## II. CVRATIVA.

Von Cur der Pestilentz/ vnnd von mancherley zufällen/ so sich darbei zutragen.

## III. ANTIDOTARIVM.

Beschreibung der Artzneien vnd fürnemen Compositionen etc.

Alles vffs kürtzest vnd fleissigest gestelle Durch Adamum Lonicerum Medicum Francofor.

1572.

Ezech. 14.

Dieweil sie so böß seindt/ vnd meinem **wort** nicht volgen/ wil ich sie mit Pestilentz schlagen/ vnd vertilgen.

# AD LECTOREM CAN
didum Epigramma,
Per

Guilhelmum Adolph. Scribonium Marpurgensem.

OMnia sunt querulis subiecta doloribus: affert
    Languorum varias quælibet hora cruces.
Innumeri vexant mortalia corpora morbi,
    Cunctaq́; terrifico Parca furore metit.
Inter at humanæ tremebunda pericula vitæ
    Aëris heu nimium sæuit iniqua lues.
Quæ multos passim, nullo discrimine, sæui
    Horrendas Erebi cogit adire domos.
Quæ necat augustos proceres, quæ stemmate lectos,
    Vulnifico heroas saucia dente ferit.
Sauciat illustres pariter cum paupere reges,
    Deprimit et tristi colla superba iugo.
Concussisq́; velut, numero sine, putria ramis
    Poma cadunt, Austri quando procella fremit:
Sic, cùm mortiferæ grassantur spicula pestis,
    Strata virûm passim corpora mille iacent.

Tanti igitur si nosse voles amuleta veneni,
  Et tibi si propria cura salutis adest:
Pæonium, Lector, Loniceri volue libellum,
  Fulmina qui pestis dira leuare docet.
Nam morbi breuiter naturam scribit, & aptè,
  Qualis & hanc soleat gignere causa luem.
Et quibus hanc valeas signis deprendere tradit
  Et quæ pestiferi sit medicina mali.

IN

# IN NOMINE SAN-
## ctæ Trinitatis.

## Ordnung/ Wie mann sich in zeiten regierender Pestilentz halten soll/ An alle vnd jede Christliche hertzen.

Nach dem neben andern straffen vnserer sünden/ vnnd sonderlich von wegen verachtung Göttliches worts / vnnd seiner Heiligen Sacramenten/ die Pestilentz der fürnemblichsten straffe eine ist. Auch dieweil sie ein geschwinde ansteckende plage ist/ wie solches Weltliche vnnd Göttliche Schrifften vnd Historien / beneben täglicher erfarung/ zeygen vnd außweisen. Vñ auch solche vielfaltiger vrsachen halben/ von wegen viler vnordnungen vnnd böser gewonheiten (so sich jede zeit durch mancherley mißbräuche zütragen) desto mehr

Ordnung
vnd hefftiger einreisset vñ vmb sich greifft.

Derwegen ist wol von nöten/ daß jeder man guten bericht hab/ wie er sich in zeiten solcher regierender seuchte (sich daruor/ als viel möglich/ zu præseruiren oder zubewaren/ vnd auch in dem fall so er darmit angegriffen würde/ zucuriren) halten solle.

Es haben zwar viel in Teutscher vnnd Lateinischer spraach/ weitleufftig hieuon geschrieben/ jedoch hab ich auch auß beweglichen vrsachen disen kurtzen bericht/ einem jeden Christlichen trewhertzigen menschen vnd haußvättern zum besten/ fleissig gestelt.

Ich hab aber mit vleiß/ vnnd vmb der kürtze willen/ die vrsachen der Pestilentz/ welche von andern vielfaltig erzelt werden/ anzuzeigen vnderlassen/ soll nur von Preseruirung vnd Cur derselbigen einfaltig/ nach inhalt volgender puncten/ gehandelt werden.

In

für die Pestilentz.

# Inhalt dises büchlins.

### Erster theyl/

Ist Præseruatiua/ das ist vnderriche wie mann sich zu zeit der Pestilentz bewaren vnd preseruiren sol. Hat volgende Capitel.

1. Etliche gemeine Regel vnd ordnung/ so in solcher zeit nötig zuhalten.
2. Regel für die so die Pestilentz in jhren heusern oder an jhrem leib haben/ vnd gesundt werden.
3. Von reinigung vnnd besserung des luffts.
4. Von Kreutern vnd Wassern zu den gemachen zugebrauchen.
5. Von Preseruatiuen Artzneien/ so täglich mögen ingenossen werden.
6. Gemeine Preseruatiuen für das gesinde.
7. Was mann gebrauchen soll so mann

Ordnung

außgehen wil/ oder vber die gassen geht.
8. Von Aderlassen/Schrepffen/Purgiren/ Baden/ Frawenblumen/ gulden ader.
9. Regiment mit essen vnd trincken/für die gesunden.

## Ander theyl/

Ist Curatiua pars: Das ist/ von Cur/ so eiñ menschen die Pestilentz anstößt.
Cap. 1. Von zeychen der Pestilentz in gemein/Item von zeichen zur besserung/ vnd vonTödtlichen zeychen.
Cap. 2. Was zuthun gleich anfangs/vnd auch wie volgendts der Proceß in der Cur zuhalten/so einen die Pestilentz angreiffet.
1. Von fürderung der Stulgänge.
2. Von einnemung der gifftartznei nach dem stulgang/vnd vor der Aderläß.
3. Von Aderlässe in der Cur.
4. Was zuthun/so von wegen vrsachen kein Aderlässe kañ geschehen.
5. Von dem Schwitztranck nach der Aderlässe. 6. Wie

### Für die Pestilentz.

6. Wie sich der krancke mit dem Schwitz tranck halten sol.

7. So der krancke nicht schwitzen kan.

8. So der Kranck den ingenommen schwitztranck wider von sich bricht.

Cap. 3. Von des Krancken essen vñ trincken / nach dem schwitzen: Item von krefftigen Galreen vnd Sultzen.

Cap. 4. Von hertz vnd leibssterckungen.

Cap. 5. So einer vber essens schwach wirdt.

Cap. 6. Regel / den ersten tag der schwachheit belangendt.

Cap. 7. Wie mann sich den zweiten / dritten / vnd volgende täge halten soll.

Cap. 8. Von Purgierung so nach dem ersten tag geschehen soll.

Cap. 9. Von heilung der drüsen oder Pestilentz geschweren.

Cap. 10. Von Pestilentz flecken odder Rechflecken / Pestichiæ genennt.

Cap. 11. Von Cur etlicher zufälle der Pestilentz / als da sein /
    1. Verstopffung der Stulgänge.
    2. Durch lauff.    3. Vndäwung /

A v

brechen vnnd kluxen. 4. Vnlust zur speise. 5. Hauptwehe. 6. Vnsinnigkeit. 7. Wachen. 8. Stetiges schlaffen. 9. Durst. 10. Hertzzittern. 11. Onmacht. 12. Schwerer athem. 13. Breune. 14. Halßgeschweer. 15. Seitenwehe. 16. Husten. 17. Würme. 18. Bluten der nasen.

## Dritter theil/

Ist antidotarium: Von beschreibung etlicher besondern verordnungen der Artzneien für die Pestilentz/ so hierin gemeldet vnd in den Apotecken zübereitet werden.

Erster

Für die Pestilentz.
# Erster Theyl
## Von Præseruirung.

1. Etliche gemeine Regeln/ vnnd ordnungen/ so mann in diser zeit halten sol.

Zum ersten setzen wir die höchste vnd fürnemste Artznei der Pestilentz/ die Achtung des Heyligen Göttlichen worts/ vñ den rechten vnd reinen gebrauch der Heiligen Sacrament/ vnd ein nüchtern bußfertiges leben/ Darzu wir jedermenigklich vor das erste trewlichen wöllen erinnert vnd vermanet haben.

2. Zum andern/ soll man sich mit essen/ trincken/ schlaffen/ wachen/ ordenlich vnd messiglich (welches ohn das ein frommer Christ zu jeder zeit thun solte) halten/ Alle füllerei/ vnnd vnordenliches vnchristliches leben abstellen.

3. Zum dritten/ soll man sich für allen bösen affecten oder bewegungen des leibs
vnd

vnd gemüths/ als zorn/ neidt/ haß/ vnmes-
sige trawrigkeyt/ forcht/ schrecken/ auch
vnkeuscheit/ in hefftigen bewegungen/
mit lauffen/ springen/ schwerem heben/ vñ
dergleichen anderen mehr/ hüten.

4. Zum vierdten/ dieweil der mensch on
den lufft nicht leben kan/ vnd denselbigen
stetigts an sich ziehen muß/ vnnd der lufft
den gestanck von allerhand vnsauberkeyt
des mistes/ kaats/ vnd anderes vnraths/ so
vff gassen vnd in heusern versamlet ligen/
an sich nimpt/ welchen der mensch dar-
nach in sich schöpfft/ So sollen derwe-
gen die gassen vnd heuser/ von solchem vn-
rath sauber gehalten werden/ vnd soll ein
jeder vor seinem hause die gassen rein hal-
ten/ vnd allen kaat hinweg schaffen/ auch
soll ein jeder den mist in seinem hause alle
wochen außfüren lassen/ vnnd vber ein
Karn vol nicht darin samlen.

5. Kein schwein sollen dise zeit inwen-
dig der Statt/ in den heusern/ von wegen
des schädlichen gestancks des Sewwustes
gehalten werden.

6. Kein Bruntz soll bei tag oder nacht
auff

### Für die Pestilentz.

ꝛff die gassen außgeschüttet werden.

. Kein Blut von viehe oder von menschen soll auff die Gassen geschüttet werden.

. Der gebrante wein/ soll auff den gassen feilzuhabē/ dise zeit/dieweil daselbst vil gesindes zülaufft/ vnnd sich darmit verderben/ verbotten sein.

. Es sollen auch billich dise zeit alle gemeine täntze/ welche on das vnordentlich zügehen/ ingestelt werden/ Dann durch springen vnd tantzen wirdt der leib erhitziget/ vnd die schweißlöcher zuuil eröffnet/ daß sie den vergifften lufft desto leichter empfahen vnd an sich nemen.

## Von denen/ so die Pestilentz in jhren heusern/ vnnd an jhrem leib haben
### Ca. 2.

1. SO jemandt mit der Pestilentz in seinem hause daheim gesucht were/ dieselbigen sollen der versamlung

lung der gemeinde/ der Kirchen/ des Rathauses/ der gemeinē badtstuben / enthaltē/ darin die Obrigkeit ein maß vnd ordnung fürzuschreiben hat.

2. Die aber so die Pest vnnd derselben auffgeschossene beulen oder blattern an jhrem leib haben / vnd daruon wider vffkommen / die sollen sich gar inhalten / biß sie vier wochen lang gantz gesundt wider sein gewesen.

3. Dieweil auch mit dem leinwande wäschen viel vnrath vnnd schrecken durch das gesinde kompt/ so soll darinn auch ordnung gehalten werden/ Nemlich/ es sollen die jhenigen welche mit der Pestilentz in jhren heusern angegriffen sein / jhr leingewand nicht an der gemeine wäsche / neben oder bei andern leuten / sondern an einem besondern orth/ zu aller vnderst des wassers/wäschen /auch dieselbige nicht bey andern leuten trucknen.

4. Es sollen auch keinerlei kleider oder haußrath deren so dise kräncke in jren häusern haben/ oder daran gestorben/ vff dem

Für die Pestilentz.

Grempel marckte/ oder sonsten / heimlich oder offentlich/ verkaufft werden.

## Von Reinigung vnd Corrigierung des luffts.

3.

Je lufft ist das aller notturfftigst Element vns menschen/ohn welchen wir gar nicht leben künnen. Dieweil nun die lufft vielfaltigen gifftigen vnreinen geschmack zu sich empfehet/ welchen wir an vns ziehen vnd in vns schöpffen/ vnd also dardurch geschädiget werden/ Auch sonderlich zu solchen zeiten viel faule stinckende gifftige materien in den lufft gezogen/ vnnd sich täglich als dann mehren/ Derwegē ist in disen leufften von nöten/ daß mann alles was zur Putrefaction oder feulung dienet/ abschaffe/ vnd durch gute fewer vnd räuchung ein änderung desselben vnderstehe zumachen.

So soll mañ allwegen an den orten da mañ zusammen kompt/als in den Kirchē/ Raths

Ordnung

Rahtheusern/Schulen/starcke räuchung
von guten wolriechenden dingen machen/
Als sonderlich von angezündten wachol-
ter stauden.

Darneben andere räuchung bereyten
von Wacholterberen/weissen Weirauch/
Myrrhen/Mastix/Timian oder Schwartz
Weirauch / odder besonderr verordnete
Rauchpuluer gebrauchen.

In den Häusern sol mann auch täglich
gemeine räuchung machen / von wachol-
terholtz vn̄ beren/von Salbey/Wermůt/
Eichenlaub/Rauten/Maioran/Dosten/
Lorbern / Weirauch / jedes für sich selbst/
oder deren etlich zusamen gemischt / vnnd
ein puluer daruon gemacht/vnd das hauß
durchauß darmit beräuchert.

Die es aber vermögen / die künden der
guten rauchküchlin vnd kertzen/vnd beson-
der verordnetes rauchpuluers/ auß den A-
potecken/ zu räuchung jhrer stuben vnd ge-
mach/insonderheyt gebrauchen.

Von

Für die Pestilentz.

## Von Wassern vnd Kreutern zu den Gemachen zugebrauchen. 4

Sommerzeit soll man die gemache besprengen mit Rosenessig vnnd frischbrunnen wasser durcheinan[der] gemischt/ oder wer es vermag/ der kan [Oc]hsenwasser vnd Rosenessig durcheinan[der] mischen. Item mann mag ein leinen [tuc]h darin netzen/ solches vor das bett hen[ge]n.

Von kreutern soll man in den gema[che]n haben wolriechende külende kreuter/ [un]d blumen/ als Rosen/ Seeblumen/ we[iden]laub/ Item Opffel/ Quitten.

Winterszeit soll mann in den gema[chen] haben/ Roßmarin/ Balsam/ Frawen[m]intze Poley/ Maioran/ Lauendel/ Spi[n]ardi/ Salbey/ Wacholter/ Rauten/ [B]asilien/ Dosten/ Melissen/ Item Ci[tro]nen/ Nägelin/ Thimian/ Zibeth/ Bi[sam]/ Ambra/ vnd. dergleichen.

Ite[m] die stuben mit wacholter wasser/ o[der] andern wolriechenden aller hand was[ser] fern von gemelten Kreutern besprenget.

## Von Artzneien zur Præseruirung oder bewarung für die Pestilentz/täglich einzunemen. 5.

### Was mann täglich gebrauchen soll.

ES soll dise zeit keiner nüchtern auß seinem hause gehen/soll zum wenigsten ein schnitten Brots mit Buttern vnd saltz/ehe er außgehet/essen.

Mann sol aber sich befleissen/daß man alle tag ein Præseruatiuum inneme/ vnd die es vermögen/sollen jeden tag in der wochen ein besonderes gebrauchen/als nemlich vff volgende weise.

Den ersten tag von der besondern verordneten preseruatiff Pestilentz latwergen j. scrupel.

Den andern tag vonn den besondern Pestilentz küchlin / odder von den küchlin Liberantis eines oder zwey.

Den dritten tag von dem Pestilentz puluer j. Scrupel/mit essig oder Ampfferwasser. Den

für Pestilentz.

Den vierdten tag von dem Pestilentz puluer ein halb Scrupel.

Den fünfften tag vonn dem Keysers Puluer genennt/ ein halb quint. oder von des Hertzogs von Sachsen puluer genennt/ j. drittheil eines quintlins.

Den sechsten tag von der Lattwergen Keysers Maximiliani/ das Gulden Ey genennt/ zweyer erbssen groß.

Den sibenden tag von dem besondern verordneten Tiriac ein halb Scrupel.

Dise stuck sollen also nacheinander alle wochen gebraucht werden. Vnd seind alle in den Apotecken also zufinden/ werden auch zu ende dises buchs beschrieben.

Was aber die Pillen vnd den verordneten Tiriac belangt/ sollen solche allwegen in der zweyten wochen/ vff die gesetzte tage j. quintlin schwer ingenommen werden/ vnd soll mann vff den **Tiriac zwo** stunde schwitzen.

Das distillirt wasser von Quitten/ vñ der Quittensafft wirdt auch dise zeit nützlich gebraucht/ stercket das hertz/ vñ bewaret für bösem lufft/des morgens nüchtern eingenommen.

## Junge leut vnd Kinder.

Die mögen von gemelten preseruatiuen das halb theil oder weniger nach gelegenheit einnemen.

## Preseruatiuen für jederman in gemeine/ vnnd für das gesinde.

Soll mann nemen Welschnüß/ feigen/ Rautenbletter/ vnd Wacholterbeer/ jedes gleich viel/ solche durcheinander mischen/ vnd essig darüber schütten/ Hieruon soll ein jedes des morgens ein löffeluoll essen/ ehe er außgehet.

Item man mag gemelte stück alle klein stossen/ vnd mit essig vnnd ein wenig saltz zu einer dicken Latwergen stossen/ vnd daruon des morgens einer Welschen Nuß groß einnemen.

Wer solche stück nicht gebrauchen wil/ der mag vonn volgenden stücken eines in essig gebeisset/ des morgens einnemen/ als

da

Für die Pestilentz.

da seind/Angelica/Pimpinellen/Serpentaria/Tormentilla/Entian/Baldrian/Zittwan/Diptam/Eisenkraut/Meisterwurtzel/Rauten/Lorbern/Pestilentzwurtz.

## Was zugebrauchen wann man vber die gassen geht.
### 7.

MAnn mag im mundt kawen volgender stück eins/ als Angelicam/ Zittwan/vberzogene Pimpinellen wurtzel/ Liebstöckel/inn Rautenessig gebeißt.

Die Naßlöcher mit Rautensafft odder Rosenessig bestreichen.

Etliche bestreichen die Puls adern/naßlöcher vnnd Ohren/ wann sie außgehen/ mit volgendem wasser/ nemen Wein ein halb maß/Essig drei löffel vol/ Rosenwasser acht lot/ thun darinn grob geschnitten nägelin j. loth/Zittwan ein quintlin.

In Sommerzeit thun sie ein wenig Campffer darunder.Etliche bestreichen die naß löcher vnd puls adern/wañ sie außgehen/ mit Scorpionöli.

Bei sich soll mann tragen Rautenbletter/vnd Angelicam/oder solche in ein säcklin thun/vnd añ halß hencken.

Item mañ soll bei sich tragen in einem höltzin knopff/Rautenbletter/Wacholter beer/vnnd ein Schwämlin in scharpffem essig genetzt/daran stetigs riechen.

Die reichen mögen hierneben jre besondere Pomambre/wie solche in den Apotecken verordnet/tragen.

Die Itali halten volgends stück für ein sonderlich amuletum pestis/vber alle andere ding/so darfür gebraucht mögen werden/so mans vber dem hertzē trage. Wirdt auch von andern in solchem fall auß erfarung hoch gepriesen/Als nemlich/Re. Arsenici Cristallini partes, duas, rubei partē vnam, cū albumine oui, vel cū mucilagine Tragacanthi, fiat massa seu placenta, quæ serico obducatur, & à collo vt regionem cordis tangat, suspendatur, interposito tamen indusio.

Von

Für die Pestilentz.
## Von Aderlassen/Schrepffen/Purgiren/Baden/ Item von gewonlicher reinigung der Blumen vnd der Gulden Adern. 8.

WAs dise stück alle belangt/ soll inn den sterbensleufften/ein jeder mit fleiß zu erhaltung seiner gesundtheit/solcher achtung nemen.

Die nun aderlassens gewonet / sonderlich so blutreich sein / vnd solcher kein hindernuß haben / **als welche** nicht zu gar alt/ **noch** zu jung/oder sonsten anderer vrsachen halben / von wegen anderer schwacheiten/von wegen schwangers leibs / oder der blumen / odder der Güldin Ader halben/ nicht gehindert werden/die sollen gleich in anfangs solcher zeit die Aderlässe gebrauchen/vnd die Leberader oder median lassen schlahen.

Die schrepffen gewonet sein/solt auch solches nicht vbergehen/sondern **in gewon**lichem gebrauch behalten.

Das Purgieren soll auch dise zeit nicht verachtet werden/ sondern nach notturfft vnnd gelegenheyt eines jeden natur vnnd Complexion/ damit der leib von bösen vñ vberflüssigen materien geseubert vnnd gereiniget werde/ mit Rath eines Medici geschehen. Es seind aber sonderlich gut in disen zeiten zugebrauchen die Pillulæ Pestilentiales Ruffi genent/ deren eines Ducaten schwer alle viertzehen tag eingenommen.

Viel Baden in Badtstuben/ ist diese zeit auch schädlich/ dann die Pori werden dardurch zuuiel geöffnet/ vnd ziehen also die vnreinigkeyt vnd gifft in der lufft desto leichtlicher in sich. Die aber Badens gewonet sein/ vnd nicht wol vnderlassen künden/ sollen jhre Badtstuben mit wolriechenden kreutern lassen zürichten/ vnnd nicht zuheiß/ auch nicht zu lang baden.

Die Wasserbadt mit wolriechenden Kreutern zubereitet seind in Sommerszeit am besten vnd bequembsten.

Die gemeine Badtstuben soll mann in sterbensläufften meiden/ von wegen mancherley/ vnsauberes/ vngesundes volcks/ das darinn zusammen kompt.

Die

Die Weibes Perſonen / welche altershalben jhre blůmen haben / die ſollen in diſer zeit jhrer gute achtung haben / daß ſolche in ordenlichem gebůrlichem gang bleiben.

Dergleichen welchen die Gulden Ader zu gewonlichen zeiten fleußt/ ſollen ſolche auch in ordenlichem gang erhalten.

## Regiment mit Eſſen vnd trincken / für die geſunden.

9.

In vnderſchiedliche ordnung mit der Eſſenſpeiſe fürzuſchreiben / iſt ein vergeblich arbeit / dieweil es nit kan gehalten werden. Dann vil ſpeiſe/ ſo nicht ſo gar dienlich ſein / auß gewonheyt von menniglichen gebraucht werden. Allein das iſt zumercken/ daß ein jeder ſich/ als viel möglich / an geſunde verdawliche ſpeiſe halte/ vnd allen vberfluß/ füllerei vñ vnordnung meide.

So ſoll ein jeder in diſen zeiten ein gute Diet/ das iſt/ Regiment vnd ordnung mit essen vnd trincken/vnd andern nottürfftigen dingen halten / daß also der leib durch gute narung in gesundtheit erhalten / vnd von dem Pestilentzischen lufft desto weniger möge geschädiget werden.

Darumm sollen die jenigen welche keine schwere arbeyt thun / ihre ordenliche zwo malzeit des tages zu gewissen stunden haben/vnd darbei sich begnügen lassen.

Aber die taglöhner / vnd handtwercksleut/ dieweil sie schwere arbeyt thun / vnd derwegen gewonet sein ihre vndermal vnd früstück zuhaben/künden solche auch desto besser verdawen als andere welche kein handtarbeyt gebrauchen.

Alles Brot / von welcherley früchten das sein mag / dann ein jeder muß solches haben/wie die gelegenheyt jedes orts gibt/ soll wol außgebacken sein.

Das fleisch sol in gemeine sein von gesunden thiern / so vndäwliches fleisch haben/daß sie gut geblüt machen / als vonn Stiern odder verschnitten rindern/Kälbern/Hämeln/Hüner/Capaunen/Krammetuögel/ Feldthünern vñ guten vögeln/
von

### Für die Pestilentz.

[vo]n jungen wildprett/ als Hasen / rehen/ [au]ch wilden jungen schweinen / nach dem [m]a jeder die bekommen kan. Soll nicht zu [ga]r versotten sein / zum mehrer theyl säff[t]ig gebraten.

Es ist gut in diser zeit daß die kost einn [w]enig sawr gemacht werden / mit agrest/ [Li]monensafft / Pomerantzensafft / odder [m]it essig/ nach eins jeden gelegenheit/ oder [d]aß mann bei alle kost ein wenig essig stel[l]e /darinn zutuncken.

Zu viel fleisch essen ist nicht so gesundt/ [d]arumb soll mann stetigs gemüßle darbey [ge]brauchen/ als Habermüßlin / Gersten[b]rü / Reißbreilin mit fleischbrü gemacht. Von erbsen soll mann die lauterbrü mit Kümmel vnd essig gebrauchen.

Item man mag haben bei dem fleische Bintetsch/ Lattich/ Sawrampffern/ Bor[r]es/ Ochsenzungen/ Endiuien/ sonderlich in Sommerszeiten. Item in Winters zeiten/ Petersilien/ Sadenei/ Thymus/ Maioran/ Salbei.

Vonn Fischen sein zugebrauchen waz harte fisch sein / als Hecht / Bersing/ Fo-
rehlin/

Ordnung

reln/grundeln/krassen vnd dergleichen/
sotten vnd gebraten.

Von obs mag mann zeitiges Winter
obs von öpffel/ biren/ Quitten/ sawr ber=
tet gebrauchen.

Nota. So mann fisch vnd fleisch in ei=
ner malzeit hat / soll mann die Fisch zu er=
ste/ vnnd das fleisch hernach essen. Sonst
were es besser einerlei zu einer malzeit ge=
brauchen/ dañ es mit der verenderung der
vilfaltigen essen zu einer malzeit ein schät=
licher gebrauch / so nun mehr eingerissen/
daß es nicht zu wenden.

Von gewürtze mag mann gebrauchen
von Zimmet/ Ingber/ Macis/ Muscaten=
nüß / Saffran / doch soll mann die Kost
nicht zuhart würtzen.

Eyer soll mann weich gesotten essen/
solche auch sonsten an guten brüen vnnd
breilin gebrauchen.

## Speise zu meiden.

SChweinen fleisch vnnd sehr feißte
speise/ Item feistes meelgebackens
deßgleichen Sawrkraut/ Ruben/
Milch=

## Für die Pestilentz.

Milchspeise / Käse / weiches fischwerck / [ha]rtes vnnd gesaltzenes fischwerck / Item [w]as mit zwibeln bereitet / Auch was hart [ge]würtzet / Item Sommerobs das baldt [f]ulet / Pferfing / süß Kirsen / Pflaumen / [si]ndt alle schädtlich / Darumb were wol [da]ß mann sich solcher dise zeit kündt ent[h]alten / oder daß mann ja solche nicht vber[fl]üssig gebrauchte / besonderlich were es [ver]mögens halben thun kan.

Was aber den gemeinen Haußmann [v]nd armen belangt / die müssen wol essen [a]lle dergleichen speise / auß notturfft / die[w]eil sie offt das gantz jar nichts anderst ha[b]en künden als Sawrkraut / rüben / schwei[n]en fleisch / milch / käß / obs. Darumb auch [i]n solchen zeiten vnder denselbigen das ster[b]en desto hefftiger inreisset vnd vberhandt [n]impt / vnd vffraumet.

## Von Trincken.

Die wein zutrincken haben / die sollen sich an reine lautere Wein halten.

Die Kreuterwein mag mann auch für den

## Ordnung

den erstē trunck vber malzeit gebrauchen
Als da sein Salbei wein/ Rosenmarin
wein/Melissenwein/Wermütwein/Car
denbenedicten wein/ vnnd dergleichen.

Die frembde hitzige wein/als Maluasir/
Muscatel/Reinfal/deßgleichē die gewürt
te wein/als Claret/ Hippocras/ Item der
gebrante wein/seind dise zeit nicht nützlich.

Die in den Bierlanden/sollen sich ann
gut lauter bier halten.

Die Sawrbrunnen seind auch gut de-
nen welche derselben gewonet sein.

Wer da wil/ der mag jhm ein gersten
wasser mit Zimmetrören lassen zürichten/
vnd solches dise zeit trincken.

Ander

Für die Pestilentz.

# Ander Theyl

Von Cur/ so ein menschen die Pestilentz anstosset.

## Von zeichen der Pestilentz. Cap. 1.

So einen die Pestilentz angreifft/ erscheinen volgende zeichen.

1. Schwermütigkeit vnd trawrigkeit.
2. Trägheit aller glieder.
3. Hauptwehe.
4. Neigung zum schlaffen/ vnd bißweilen wachen vnd fantasieren/ vnd vnuernunfft.
5. Innerliche hitze der Brust/ vnd eusserliche kelte.
6. Durst.
7. Auffstossen vnd würgen des Magēs.
8. Vnlust zu essen.
9. Bitterkeyt des mundes.
10. Ein grasses gesicht.
11. Der Puls schleigt schnell vnd tieff.
12. Der harm ist gemeinglich trüb.

13. Trü-

13. Trüsen oder beulen/ oder Carbunckeln / bei dem gemechte / armen / hinder den ohren oder andern orten. Solches ist das gewissest zeichen.

### Von zeichen zur besserung.

So der krancke die ingenommene Artznei des Schwitztrancks / desgleichen essen vnd trincken / bei sich behelt.

So vil Trüsen / doch weit von dem hertzen / gleich in dem anfang vff schiessen.

So der leib gleich vberall schwitzet.

### Von Tödtlichen zeychen der Pestilentz.

SO der Kranck die eingenommene Artznei zum zweiten mal wider obenauß bricht / vnd kein speise vnd trincken bei sich behelt.

So kein beulen erscheinen / oder dieselbige als baldt sich widerumb setzen vnd verlieren / oder nicht zur zeitigung vnd eyterung sich durch vbergelegte artznei schicken wöllen.
So

Für die Pestilentz.

So die Trüsen/wañ sie mit der flieten uffgehawen sein / bleifarb vnnd trucken werden/oder so gar kein eyter/sondern ein materi wie ein schaum herauß gehet.

So ein Carbunckel vnder dem Kinn/ bei dem gummen entstehet.

So das haupt vnuernünfftig wirdt.

So die blatern in anfangs der krancke gleich bleifarb/schwartzroth/veielbraun/ oder grün werden.

So dem Krancken die nasen sehr blutet/oder bluts tropffen schwitzen/vnd kein besserung daruon eruolget.

So schwartze materi oben auß gewürget wirdt.

So der stulgang sehr hart verstopffet/ oder gar flüssig ist / vnnd eiñ gar vbeln geruch hat.

So der harm stetig trüb bleibet / vnnd gar vbel stinckt/ auch schwerlich gehet / vñ sich gar nichts darinn vff den grundt setzt.

So kalter schweiß an dem leib außbricht.

C

## Ordnung
## Was zuthun gleich anfangs / vnnd auch wie volgendts der Proceß in der Cur zuhalten / so einen die Pestilentz angegriffen hat.
### Cap. 2.

So sich zeychen der Pestilentz erzeigen / soll man sich für allen dingen Gott dem Allmechtigen befelten / Darnach als baldt on allen verzug die gebürliche mittel der Artznei fürnemē. Dann dieweil die Pestilentz ein verborgē schnelles gifft ist / welches geschwindt die lebendige Geister des hertzens einnimpt, vnnd den menschen vmbbringt / ist es gar baldt vbersehn vnd verseumet / vnnd alle hülff vergeblich / wo nicht gleich anfange versehung darzu gethan wirdt / So soll solche Cur fürgenommen werden / nach ordenlichen volgendem Proceß /

Nemlich / Es soll erstlich der stulgang gefürdert werden / Zum andern soll ein Gifftranck von dem bolo ingegeben werden. Zum dritten / so von nöten / soll die Aderlässe geschehen. Zum vierdten soll

Für die Pestilentz.

den Schwitztranck einnemen/ volgends ſoll ſterckung mit Artzneien vnd eſſenſpeiſ innerlich vnd euſſerlich gebraucht werden/ wie ſolches alles ordenlich beſchrieben folget.

## I. Vom Stulgang.

FVr das erſte/ ſoll ein jeder lügen/ daß er als baldt ein ſtulgang haben möge/ ſo er aber verſtopfft were/ vnd kein ſtulgang haben kündt/ ſoll mann jhm von ſtund an ein lindes Cliſtirlin von Kalbfleiſchbrü / oder hamelsköpff brü/ Baumöli/ Thomas zucker/ Roſenhonig vnd ſaltz bereiten/ vnnd gebrauchen/ oder mit ſtulzäpfflin auß der Apotecken/ oder von bingelkraut/ ſeyffen/ vnd dergleichen gemacht/ den ſtulgang zuwegen bringen.

So aber der leib offen/ vnd er ſein Stulgang als baldt haben kann/ iſt ſolche ding zugebrauchen vnnötig.

## II. Von einnemung der Artznei des Boli armeni, vor der Aderläſſe.

## Ordnung

ES stimmen die fürnembsten geleſ=
teſten/ ſo von der Cura peſtis ge=
ſchrieben haben/ vnder denen auch
ſein die hochberümpten/Georgius Agri=
cola, vnd Io. Guinterius Andernacus
Argentinenſis Medicus, in diſem pun=
cten zuſammen/Nemlich/dieweil die Pe=
ſtilentz ein geſchwindes ſchnelles verbor=
gen gifft ſei/ welches geſchwindt die leben=
dige geiſter des hertzens/ vnd auch das ge=
blüt einnimpt/daß derwegē als bald/nach
dem der krancke ein ſtulgang gehabt/ für
allen weitern dingen/ vnd ehe die Aderläſ=
ſe geſchicht/ ein Antidotum/ das iſt ein
Artznei ſo das gifft von dem hertzen treibe,
vnd dem ſelbigen wehre/daß es nicht vber=
handt neme/ ſoll ingenommen werden.

Mit diſer meinung ſtimme ich auch
gäntzlich zu.

Darumb ſoll als baldt nach dem ſtul=
gāg ein Gifftartznei ingegeben werdē/ als
ſonderlich iſt der Bolus Armenus verus,
welcher allwegē in der Peſtilentz den preiß
hat behalten/ Solcher bolus ſoll in Roſen
eſſig etlich mal gewaſchen vnd wider abge=
trucknet werden. Von

Für die Pestilentz.

Von solchem bolo soll mann nemen j. [q]uintlin/ darzu thun Coral. præp. Mar[ga]r. præp. Cornu vnicornu an. gr. 3. [v]nd mit Gulden ampfferwasser oder sonst [d]enlichem wasser ingeben.

Die den rechten bolum nicht haben/ [m]ögen des verordneten/ odder sonst eines [g]uten bewerten Tiriacs j. quintlin/ mit [e]inen löffeluoll rautensafft vnd ampffer[w]asser vermischt/ innemen.

So der kranck solches wider bricht/ soll [m]ann jhm zum zweiten vnd dritten mal/ [bi]ß ers bei sich behelt/ wider ingeben.

Dises soll also vor der Aderlässe gesche[he]n/ damit das gifft nicht das hertze vnnd [das] blůt/ ehe die Aderlässe geschehē möchte/ [ei]nneme. Vnnd ist solches gleich wie ein [vo]rbereitūg vor der Aderlässe. Es darff [a]uch der krancke vff einnemung diser Artz[ne]i nicht schwitzen.

## II. Von Aderlässe in der Cur.

C iij

Ordnung

Vm dritten/ein halbe stund nach ein-
genommenen tranck oder Artznei vor
dem Roten bolo/soll als baldt on al-
len verzug/ es erscheinen beulē oder nicht/
die Aderläſſe/ſo fern deren kein mercklich
hindernuß vorhanden/ fürgenommen wer-
den/ vnd ſoll die Aderläſſe geſchehen wi
volget/Als nemlich/ ſo kein beule oder tr
ſen ſich erzeigen/ ſoll man die Baſilicam
ue Epaticam, das iſt die Leberader/ ode
an ſtatt deren die median/ am rechten arn
laſſen ſchlagen. Wo aber der krancke ſich
mehr beſchwert vm̄ die bruſt zur linckē ſe
**ten** würd befinden/ſoll er die Baſilicam o
der die median am linckē arm laſſen öffn

So aber beulen vorhanden/ ſoll man
derſelben gelegenheit nach die Ader ſchla-
gen/Als nemlich/ ſo beulen geſület wer
den hinder den ohren/ am nacken/ ſoll d
hauptader/ oder die **median** am arm/ g
laſſen werden.

So an der ſtirn/oder am kin/ ſoll ma
laſſen vnder der zungen.

So vnder den achſeln/ ſchultern/ ode
den armen/ ſoll die mediā geöffnet werd

So bei dem gemächte/ soll mann die Frawen Ader/ oder Rosen ader/ oder die Brandtader inwendig am knodem lassen.

So an den hüfften/ die Gichtader.

So vmb die Knie/ oder außwendig an den beinen/ soll mann die Adern an den füssen/oder sporadern nemen.

Es soll aber die Aderlässe allwegen an der selbigen seiten/ daran die drüse oder beule ist/geschehen/ Es soll auch nit zuuil geblüts gelassen werden/ daß der krancke nicht zu matt vnd krafftloß/vnd die kräfften der natur geschwecht werden/ welches dißfals gar schädtlich ist.

Auch soll sie inwendig den ersten **vier** stunden fürgenommen werden.

## IIII. Was zuthun/ so von wegen vrsachen kein Aderlässe kann geschehen.

Enen so die Aderlässe vrsachen halben nicht geschehen kann/ als den gar alten/ den kindern vnder zwölff jaren/den Schwangerē Weibern/ Kindtbetterin/ weibspersonen so ihre blumen haben/ oder denen so die gulden Ader gehet/ odder welchen die schwacheyt mit nasenbluten ankompt/ vnd sehr matt darvon wirdt/ denen soll mann an statt der aderlässe Ventosen odder Köpff setzen/ mit schräpffen/ vnd dieselbige tieff picken/ zwischen den schuldern/ auff den armen/ auff den beinen/ vnnd in andern dingen den ordenlichen proceß halten.

## V. Vom Pestilentztranck/ oder Schwitztranck.

EIn stunde nach der Aderlässe/ oder anderthalb zum lengstē/ soll ein and' Antidotum seu Alexipharmacū, das ist ein Artznei so dem gifft wehret/ daß es nit weiter vberhandt neme/ so mā ein Schwitztranck nennet/ eingenommen werden/ solche sein/ der Theriaca, Mithridatum, Bolus Armenus, Ouum Philosophicum seu aureum, so mann das gulden Ey/ vnnd Keysers Maximiliani Latwerg nennet/ Aqua Theriacalis, vnd dergleichē Compositiones/ Dieser stück mag mann

## für die Pestilentz.

mann eines für sich selbst/ odder ihrer etliche zusamen gemischet nach gelegenheyt des krancken ingeben/ als nemlich uff volgende weise / Den gar starcken leuten soll mann uff anderthalb quintlin schwer ingeben/ **nemlich/**

Rec. Theriacæ contrapestem drach. i.
Mithridati scr. j. El. de ouo scr. ß. Spe.
liberantis scr j. Misce cum aqua Trifolij acetosi, vel aceto Rosaceo.

Den mittelmessigen mannen/ **vnnd** auch starcken weibspersonen/ vier scrupel/ das ist eines Creutzducaten **schwer/als/**

Rec. Theriacæ scr. ij. Mithridati,
El. de ouo, an. scr. j.
Sp. liberantis scr. ß.   Fiat haustus cum aq. Trifolij acetosi &c.

In gemein den Weibern vnd denen so von achtzehen **jaren vnd darunder/j. quintlin/als/**

Re. Theriacæ drach. ß. Mithridati scr. j.
El. de ouo scr. ß Sp. liber. scr. ß.
Cum aqua Endiuiæ. ꝛc. fiat haustus.

Schwangeren Frawen/ Kindtbetterin/vnd Kindern vnder zwölff jaren zwen scrupel/als/

Ordnung

Re. Ther. cont. pestem scr.ſ.
Mithrid. El. de ouo an. scr. ſs.
Sp. liberantis seu de Galega scr. ſs
Cum aq. oxalydis fiat haustus.

Kindern von acht jaren ein halb quintlin/ als/

Re. Ther. cont. pestem scru. j.
El. de ouo. scr. ſs. Sp. lib. gr. 5.
Cum aqua Buglossæ fiat haustus.

Kindern vnder sechs jaren/ein scrupel.

Re. Theriacæ.
El. de ouo an. scr. ſs. cum aqua
acetosi trifolij fiat haustus.

Vff solche weise mag mann jeder person nach jhrer gelegenheyt (doch mit weitterm Rath eines Medici/ der nach bedenckung weiterer vmbstende/ solches nach eines jedes krancken eygenschafft vff solche odder andere weise zum besten ordnen mag) schwitztråncke ingebē. Diſes iſt nur ein einfaltiger vnderricht für die jhenigen so kein Artzt ersuchen/vnnd für die Apotecker/ daß sie wissen solche Pestilentz trånck in gemein in sterbensleufften auszugeben.

Es möge auch vff andere weise schwitz tråncke

### Für die Pestilentz.

trancke bereitet werden/ sonderlich von denen so nicht bei den Apoteken sein/ daß sie die gemelte stuck haben mögen/ dieselbige künden nemen Angelica wurtzel/ Natterwurtzel/ Schwalbenwurtzel/ Galgant/ Rauten bletter/ Cardenbenedicten/ Wacholterbeer/ dieselbigen alle/ oder deren etliche/ daß samptlich ist lot sei/ in einem vierten theyl einer maß weins oder essigs sieden/ daruon sechs loth warm innemen.

Wer nit weiter hat/ der mag Cardenbenedicten puluer mit essig innemen.

## VI. Wie sich der Krancke mit dem Schwitztranck halten sol.

Wañ der krancke das Antidotum oder Schwitztranck eingenoñen hat/ soll er/ als lang ers erleiden kann/ drei oder vier stunde wol schwitzen/ den schweiß soll mann mit tüchern wol abtrücknen/ vnnd den Krancken in ein frisch beth/ vnd frische tücher legen.

Er soll auch in dem schweiß weder essen noch

noch trincken/ sondern sich laben/ vnnd erquicken/ mit wolriechenden wassern/ Rosenessig/ Lauendelessig/ Neglin blumen essig/ Manus Christi küchlin/ Diambre/ Diamargariton/ vnd dergleichen. So er aber den durst nicht erdulden kündte inn dem schwitzen/ mag er gebrauchen Rosensirup/ Violnsirup/ mit Ampffer wasser/ Cardobenedictenwasser/ oder Ochsenzungen wasser gemischt/ Doch soll manns jm nicht so baldt geben / sondern wann er ein stund zum wenigsten/ odē mehr geschwitzt hat.

## VII. So der Kranck nicht schwitzen kann.

So der schweiß nicht folgen wolte/ soll mann heisse zigelstein/ in leinē tücher gewickelt/ zun füssen in das bett legen/ oder Camillenblumen in ein leinen säcklin thun/ vnd ein wenig in wasser sieden/ solches an die solen der füsse zimlich warm bindē. Man mag auch solcher säcklin eines vnder den rucken/ vnnd eines vff das hertz keutlin legen.

VIII. So

## VIII. So der Krancke die ingenommene artznei oder Schwitztranck wider von sich bricht.

So die Artznei oder Schwitztranck nicht bei dem Krancken bleibt/ soll mann jm denselbigen zum andern vnnd auch zum drittenmal/ so er den andern wider bricht/ ingeben.

Er soll auch allwegen/ ehe er den tranck wider innimpt/ den mund mit wasser vnd wein schwencken.

Mann soll jhm auch bede arme vnder den elenbogen/ deßgleichen beide beine vnder den Knien/ mit breiten bendeln offt binden vnd wider lösen/ auch jhm ein kopff on schrepffen zwischen das hertzgrüblin vñ nabel setzen lassen.

Solche ding soll mañ so offt thun/ biß er den tranck bei sich behelt.

## Von des krancken essen vñ trincken nach dem schwitzen. Cap. 3.

Von

## Ordnung

Zum vierdten/ nach dem schweiß soll der leib gespeiset werden mit krefftigen brüen/ von solchen speisen die das hertz stercken/ unnd wol zuuerdäwen sein/ Als jung hünlin mit Agrest oder Limonen safft/ oder mit essig sawr gemacht/ Gersten mit hüner brü bereitet/ unnd sawr gemacht/ Habermüßlin mit einem Eyerdotter und essig/ Biersüplin mit einem Eyerdotter/ Hünerbrü mit Eyerdotter/ frische weichgesottene Eyer/ Mandelsüplin mit Rosenwasser Rosinlin und Zimetrören/ Item gestossene Hüner unnd Capaunenbrü/ Item gedistillierte Capaunenwasser/ so mit speciebus cordialibus, manus Christi/ Rosenzucker/ Borres und Ochsenzungen zucker distilliert sein.

In summa es soll allwegen das essen ein wenig sawr gemacht werden/ Wer kein sawren safft hat/ der mag an deßselbigen statt in der brü bey den hünern sieden/ ampffern kraut/ Endiuien/ Portulacam, ochsenzungenblumen/ und dergleichen.

Das trincken belangendt/ soll er gar keinen wein/ auch kein bier/ des hopffens halber/

### Für die Pestilentz.

halber/ welcher inn das haupt steiget/ gebrauchen.

Soll trincken ein Gerstenwasser gemischt mit einem Julep von Violn/ oder Sirupo acetoso, Sirup von acetositate citri, Oxysaccharo/ vnd dergleichen.

Oder mag ein schlecht wasser/ so vonn Gersten/ Ampffern vnd Ochsenzungen blumen gesotten/ vnd mit ein wenig essig sawr gemacht trincken.

Oder mag trincken volgenden tranck/ Mann neme Gerstenwasser j. **lb. das** ist ein echtmaß/ Ampffernwasser/ Ochsenzungen/ Borreswasser/ Rosenwasser/ jedes ein hellergläßlin voll/ oder sechs loth/ Sirup von Citrinaten/ Rosensirup/ jedes drei loth/ Manus Christi/ zwei loth. Species liberantis ein loth/ durcheinander gemischt.

## Ein krefftige Galree/ oder
extract **von Capaunen/ zur sterckung in** diser/ schwacheit/ ex Tractata de Peste, Doct. Guintheri Andernaci anno 1563.

Nimm

Nim ein gut stück Kalbfleisch vom hinder viertheyl auß dem quallen/ Item ein guten Capaunen/ schneide sie gantz klein/ thu alles feist daruon/ vnd thu darzu Zimmetrören ein halb lot/ Citron schelen j. quintlin/ Saltz ein wenig. Thu alles in ein gläsin kolben/ odder in ein glaß mit einem engen hals/ von zweien massen/ on allen safft oder wasser/ vermache es geheb/ setze es in einen Kessel mit wasser/ vnd versehe es daß es nicht vmbfalle/ laß es also fünff oder sechs stunde vber einem fewr sieden/ vnnd fülle allwegen in dem kessel warm wasser zu/ daß es nicht abneme.

Darnach thu das glaß auß dem kessel/ laß es ein wenig stehn/ daß es nicht zuheyß sei/ darnach geuß den safft ab/ durch ein dick leinen tuch/ in frischem brunnenwasser genetzt/ vnd thu denselben in etlich plätlin/ vnd laß also stehen/ so wirdt ein Gallere darauß/ Dessen ein löffeluoll dem krancken gegeben/ ist gantz krefftig.

Ein krafft sultze/ibidem.

### Für die Pestilentz.

Nim ein Capaunen/zerschneide jhnen klein/thu alles feist hinweg/thu darzu vier kalbsfüß/siede alles mit halb wein vnnd halb wasser/biß sich die bein ablösen/seige darnach die brü durch ein tuch/vnd laß sie erkülen/darnach heb alles feist hinweg/ vnd thu zu jeder maß brü ein halb pfundt zucker/vnd gestossen Zimmet zwei loth.

Wañ der Zucker zergangen ist/so geuß darzu ein eyerklar wol zerklopfft/laß ein wenig mit einander sieden/Darnach seige alles durch ein tuch/vier oder fünff mal/ geuß die brü in jrdene schüsseln/vnnd setze die an ein kül ort. Hieuon mag mann dem Krancken des tags vnd des nachts/wenn mañ wil/ein löffeluol/ohn brodt/oder mit brot/ingeben.

## Von Hertz vnd Leibs sterckungen. Cap. 4.

ES sollen auch neben dem essen vnd trincken stetiges andere gute sterckung gebraucht werdē/als die küchlin Manus Christi/Rosenzucker/Violnzucker/Ochsenzungenzucker/Borreszucker/Quittensafft/Citrinaten/Pomerantzen rc.

Auß solchen stücken mag ein Electuariũ bereytet werden/ vnnd darunder gemischt Bolus Armenus, Corallia præp. Margar. præp. Spe. Diambræ, Sp. de gemmis &c.

Oder ein solches Elect. Rec. Conſ. Roſ. vnc. ij. Corticum citri conditorum, vnc. j. Succini albi, Corall. rub. Boli armeni veri. an. drach. 1. Cum Sir. acetoſ. citri. q. ſ. fiat Electuar. Hieuon soll er zwischen den malzeiten/ vnnd des nachts einer Haselnuß groß jedes mal zur sterckung einnemen.

Eusserlich soll das hertz auch verwaret vnd gesterckt werden/ darzu Epithemata Cordialia dienen/ welche mann vber das hertz vberschlagen soll/ so gemacht werden von Rosenwasser/ Borres vnnd Ochsenzungen wasser/ Melissenwasser/ Campffer/ Sandelholtz/ Corallen puluer/ Bisem rc.

Oder vff solche weise/ Rec. cort. Citri,

### Für die Pestilentz.

ri. Santal. rub. citr. Succini albi. Cam-
phoræ. Corall. vtriusq;, ossis de corde
cerui. Spodij. Zedoariæ, Rosarum,
Croci. an. scr. ß. Aq. Ros. Viol. Bu-
glossæ, acetosæ, an. vnc. iiij. Misce
pro Epithemate cordiali.

Item es sollen Sacculi cordiales/das
ist Hertzsäcklin gemacht werden/von Spe-
ciebus cordialibus / vnnd in gemeltem
Hertzwasser genetzt/ vnd vber das hertz vber
gelegt werden.

Oder mit volgender **Salbe das hertz**
geschmieret werden/nemlich/

Rec. Sem. Citri.
    Ossis de corde cerui.
    Vnicornu.
    Succini albi.
    Santalorum rub.
    Rosarum, an. scr. ß.
    Ol. Rosarum, Violati, an. vnc. ß.
addito modico aceti, &c. fiat vng.
pro corde.

Es gibt auch grosse krafft vnnd ster-
ckung/ so mann das Angesicht vnd Puls
adern für vnnd für mit volgendem wasser
bestreicht.

Ordnung

Rec. Aquæ Rof. vnc. iij.
Aquæ Violarum, Nenupharis an.
vnc. ß.
Santalorum citrinorū drach. i. ß.
Troch. de Camphora. drach. ij.
Camphoræ gr. iij.
Musci gr. ij.
Aceti rosacei vnc. ij. Misceantur
& seruētur in vitro bene obturato.

Solches waſſer ſtercket das hertz vnnd
die lebendige geiſter.

Dieweil auch der lufft in dem gema-
che/darinn der Krancke ligt/durch den a-
them des Krancken inficirt vnnd corrum-
pirt wirdt/welches dem krancken/vñ auch
den geſunden/die mit jhme vmbgehen/
ſchädlich iſt/ Sollen ſtetigs gute gerück
gemacht/ auch das gemache mit wolrie-
chenden waſſern/wie deren meldung im e-
ſten theyl der preſeruirung geſchehen/ be-
ſprengt werden.

Oder mag mann volgendes waſſer be-
reiten/als nemlich/ Man ſoll nemen wol-
riechende öpffel einen oder acht/ ſolche zu
ſtücken ſchneiden/ Citronen ſchelen/ Po-
me-

### Für die Pestilentz.

merantzenschelen / Lorbern / Wacholderbeer / jeder j. loth. Rosen drei handtuoll / Blaw violn / Seeblumen / jeder zwo handuoll / Basilienkraut / Rosmarin / Lorberbletter / jeder ein handtuoll. Darüber soll mann frisch brunnenwasser giessen / als vil genug ist / vnd lassen sieden vnd hinstellen / daß man stetigs das gemach mit besprenze.

## So vber Essens einer
### schwach wirdt. Cap. 5.

SO vber essens einen solche schwacheit anstosset / soll er sich als baldt oben außbrechen / darnach von stundt an das hertz / hals / den ruckgrad hin ab / Pulsadern / schläffe / hende vnnd füsse / mit starckem wein / Rosenwasser / vnd Rosenessig / darinn ein wenig Tiriac zertrieben sei / netzen vnd reiben.

Volgendts soll der proceß mit Aderlässe vñ Schwitztranck / wie angezeyget / gehalten werden.

Ordnung

# Regel/ den ersten tag der Schwacheit belangendt.
### Cap. 6.

WAs gesagt ist von dem proceß der ordenlichen Cur / mit Stulgängen / Aderlässe / Schwitztranck / sterckung durch essen vnnd trincken / vnnd hertzlabungen / solches soll alles geschehen / ehe sich 24. stunde verlauffen / lenger darnach ist es vergeblich / odder gar mißlich / deñ dises ist ein krencke die kein inducias / oder keinen verzug leiden mag.

Mann soll auch in allen wege wehren / daß der Krancke inwendig den ersten 24. stunden nicht schlaffe / dieweil dardurch das gifft desto mehr vnd hefftiger zum hertzen gezogen wirdt.

So er aber schlaffens sich nicht enthalten kündt / soll mann jhnen mit den ohren vnd haaren zopffen/ oder drei oder vier tröpffelin rosenessig in die nasen thun / Das macht jhn wacker.

Wie

Für die Pestilentz.

## Wie mann sich den zweyten/dritten vnd volgende tage halten soll. Cap. 7.

Wann nun anfenglichs den ersten tag die versehung mit einnemen des Theriacs/mit der Aderlässe/ vnd mit dem schwitztranck/vnnd mit sterkung durch essen vnd trincken geschehen/ soll mann volgends/biß auff den neunden tag/nicht vnderlassen/noch alle tag/oder zum wenigsten etliche tag nach einander/ allwegen ein schwitztranck einzunemen/ Dann mann dißfals nicht zufleissig sein kan.

Mann soll auch dem krancken von volgendē tranck morgens vnd abendts allwegen ein trunck geben/ Nemlich/

Rec. Sir. de succo acetosæ, acetos. citri, Sir. granatorum, an. vnc. ij. Aqua Trifolij acetosi. lb. j. Camphoræ gran. iiij. Sp. lib. drach. ij. Musci. Ambræ. an. gr. j. misc. &c. Soll solchen tranck vngewermet trincken.

Vnnd soll der krancke stetigs sein gute

Ordnung

hertzsterckung/ vnnd krefftige speise/ vnnd trincken/ wie droben angezeyget/ haben/ vnd darneben soll man allerhandt zůfälle/ wie die sich zůtragen mögen/ wie auch die insonderheit hernach beschrieben werden/ gute achtung nemen/ vnd denselbigen gebürliche versehung thun.

## Von Purgierung so nach dem ersten tag geschehen soll. Cap. 8.

MAnn soll gut achtung geben/ daß der leib nicht verstopfft werde/ in solchem fall mag mann gleich des andern tags ein dienliche purgationem/ als die Infusion Rhabarbari, Infusion Agarici, Decoction Tamarindorum, Mannam, Sirupum Rosarum Laxatinum, vnnd dergleichen/ nach gelegenheit der stercke des krancken/ ingeben.

Solche stück sollen nicht in der gantzen substantz/ sonder infundirt vnnd gesotten vnd abgesiegen gebraucht werden.

Die Cassia ist in diser francke nit dienlich/

Für die Pestilentz.

lich/ vnd wirdt jrer feuchtigkeit halben zu
gebrauchen verbotten.

Die Pillen Ruffi seind auch dienlich
in der preseruirung/ aber in der Curation
seindt sie nicht wol / jhrer hitzigen art halben / zunützen.

## Von Heylungen der Trüsen oder Pestilentz geschweren. Cap. 9.

SO sich beulē oder drüsen erzeigen/
soll zu solchen besondere Cur /beneben anderen vorgesetzten Artzneien
gebraucht werden/ vnd soll solches als bald
geschehen. Dañ es ist böß daß mann lang
wartet/ vnd daß sie verschwinden wöllen.

Vnd erstlich so ein beule oder trüse sich
erzeyget/ vnd doch nicht herfür wil / sondern tieff vnder der haut bleibt/vñ schmertzet/ soll mann eiñ schrepffkoff darüber / oder hart darbei /als baldt setzen/ vnnd so es
der francke erleiden kan / soll mann dasselbige ort zuuor mit einer flieten picken/ damit das gifftig blut sich herzu vnd herauß

ziehe. Etliche hencken daran die blutegel/ Hirudines genennt/ daß sie das blut auß saugen.

Welche das schrepffen odder blutegel nicht erleiden künden/ denen soll mann nemen ein junge hane/ der noch vff kein hun gesessen ist/ deßelben die federn vmb den arß vnd bauch beropffen/ vnnd also mit dem blossen hindern vber die beulen lebendig halten/ daß sich also das gifft zur beule her auß ziehe.

So aber die natur so starck ist/ daß sie als baldt grosse beulen herauß treibet/ soll mann der natur hülff thun/ daß sie zur zeitigung kommen/ vnnd weichung darüber legen/ Als nemlich/

Mann soll nemen **ein** grosse zwibel/ solcher den deckel abschneiden/ vnd gantz hölen/ Darnach mit Theriac Andromachi außfüllen/ vnd Rautensafft/ oder Salbey safft darunder mischen/ darnach den deckel wider darüber thun/ geheb vermachen/ vñ bey dem fewr braten / darnach in einem Mörsel stossen/ zu eine pflaster/ solches vff

die

Für die Pestilentz.

die truſe legen. Diſes iſt ein beſondere bewerte weichung.

Oder volgende weichung: Sawerteyg einn halben löffeluol / Theriac ein quint. zwen Eyerdotter/ vnd ein löffeluol ſaltz.

Oder: Taubenkaat/ Honig/ Meel/ jedes gleich vil/ mit eſſig zu einē pflaſter gemacht.

Oder: Sawrteyg drei loth / ein gebraten zwibel/ ein loth ſaltz/ drei feygen/ vnnd ein Eyerdotter / darauß einn pflaſter gemacht.

Oder: Sechs feygen/ j. lot klein roſin/ ein halb loth ſaltz/ zwei loth Honig/ vnnd Camillenöli als viel genug zu einem pflaſter.

Oder es mag volgendes pflaſter nützlich vbergelegt werden.

Rec. Emplaſtri diachylon vnc. ij.
Ammoniaci, Galbani, an. vnc. j.

Stoſſe es durch einander / lege es vber die truſe.

Wo aber von ſolchen vffgelegten ſtücken das geſchwere oder truſe nicht vffgienge/ ſoll mann nemen Gänßkaat/ denen in
Cha-

Chamillenöli zertreiben/ vn̄ darauff legē.

Wo dann von gemelten weichungen die drüse noch nit auffgienge/ soll das laßeisen gebraucht werden/ darnach sol mann volgendes bewert pflaster Iacobi Riccij Veneti, so Nicolaus Massa & Georgius Agricola lib. 3. de peste, beschreiben/ darauff legen.

Rec. Theriacæ Andromachi, Mithridati, Venedische Seyffe/ jedes j. lot/ frische butter/ Sawrteyg/ jedes drei lot/ Rosenhonig zwei lot / Salis fossilis ein halb loth/ Ruß vier loth/ Saffran ein halb lot/ vnnd drey Eyerdotter/ Solches zu einem pflaster gemacht.

Dieses pflaster wehret / daß der schade nicht weiter vmb sich fresse / vnd das faul fleisch außfalle.

Wann nun das faul fleisch von dem gesunden abgelöset / vnnd außgefallen / soll mann frische buter mit Zucker vermischt/ zur weichung vnnd seuberung / darüber schmieren/ vnnd volgends den schaden zur heilung mit fleiß fürdern.

Es sollen auch die örter vmb die trüsen her/

### Für die Pestilentz.

her/ sonderlich so es ein schwartz blater ist/ verwaret werden/ daß die hitze nicht vmb sich fresse/ Derwegen soll man vmb die orter rings vmbher/ doch nicht hart darbey/ ein pflaster legen von vnguento Rosato, mit bolo armeno vermischt/ Oder mit nachtschatten/ vnd Wegrichsafft offt bestreichen.

## Von Pestilentz flecken/
### Pestichiæ genennt. Cap. 10.

ES erscheinen zu zeiten an den krancken/so die Pestilentz regiret/flecken wie flöhbiß am Rucken/ Hertzen/ Brust/ etwan viel/ etwan wenig/ von mancherlei farben/ als rot/ gelbfarb/ weißlecht/ schwartz oder grawfarb/ welches die bösesten sein/ vnnd gemeiniglich tödtlich/ Die farben geben anzeygung der humorum oder feuchten/ von welchē solche flecken verursacht werden.

Es werden diese flecken genennet Rechflecken/ Todtflecken/ Pestilentzflecken/ Pestichiæ, Maculæ pestilentiales, papulæ

pestilentiales. Vnd wirdt jrer gedacht a=
pud Hippocr. 1. 2. 5. Epidem. Et Gal. in
com. Epidem. Et in lib. de differen-
tijs febrium.

Diese flecken bekommen etzliche mit ei=
nem hitzigen Pestilentzischen Feber / Et=
liche bekomen Carbunckel oder Pestilentz
blatern darzu/ Etliche bekommen die bla=
tern oder Carbunckel / vnd die beulen vnd
die flecken zugleich.

So nun solche flecken sich im anfang
gleich erzeygen / ist es ein anzeigung daß
die natur selbst die böse gifftige feulnuß vn
dersteht außzutreiben.

In disem fall soll man kein Ader lassen/
vnd nicht purgieren/ damit die natur in ih
rer wirckung nicht verhindert werde / vnd
das gifft nicht zuruck schlage / Dann wo
solches geschicht/ so schlahen die flecken ge=
meinglich ein / vñ sterben fast alle die / wel
chen die Aderlässe in dem fall geschicht/
Es sey dañ daß sie gar viel hitzigs geblüts/
vnd rote flecken haben.

Darumb soll man als baldt sehen / daß
der leib sein öffnung habe / welches mit ei-
**nem**

### Für die Pestilentz.

nem linden Clystirlin geschehen kan/volzendt dem krancken alle glieder des leibs/ sonderlich da die flecken am meinsten sein/ mit nassen henden/ so in warmem wasser genetzt sein/wol kratzen/vnd befeuchten/ daß sich die pori dardurch wol öffnen. Darnach soll mann jn mit einem scharlachen/oder sonst roten wüllen tuch abreibē. Solchs hilfft den flecken wol herauß.

Nach disem soll mann schrepffköpff setzen/ zwischē die schuldern/auff die Brust/ Rucken/arm/arßbacken/vnd schenckel/so viel mann deren füglich setzen kan/ohn picken/Allein etliche köpff da die flecken am meisten sein/ möcht mann mit flieten picken/vnd das gifftig geblüt herauß ziehen/ sonderlich denen/ welche viel vbriges faules geblüts haben.

Weitere Cur belangendt/soll mañ den krancken mit essen/trincken/ vnd sterckungen halten/wie droben in der Cur der Pestilentz angezeyget worden.

## Von Cur etlicher zufällen
### der Pestilentz. Cap. II.

1. Verstopffung des stulgangs.

2. Durch-

## Ordnung

2. Durchlauffe.
3. Vndawung/ Brechen/ vnnd kluxen des magens.
4. Vnlust zur speise.
5. Hauptwehe.
6. Vnsinnigkeyt.
7. Wachen.
8. Stetigs schlaffen.
9. Durst.
10. Hertzzittern.
11. Onmacht.
12. Schwer athem.
13. Breune.
14. Halsgeschwer.
15. Seitenwehe.
16. Husten.
17. Würme.
18. Bluten der Nasen.

### 1. Verstopffung der stulgenge.

Die verstopffung der stulgängen soll gewendet werden mit den pillen Ruffi genennt/ die soll mann eins quintlins schwer einemen/ oder sonst ein

für die Pestilentz.

ein linde Purgation gebrauchen / als
von dem Sirupo Rosato laxatiuo ex
multiplici infusione Rosarum, Sirupo
de Cichorio cum Rhabarbaro / oder
mit stulzäpfflin / oder mit einem linden
Clystirlein / wie in anfang der Cur ge‐
meldt / gefürdert werden / Dann es soll der
Kranck täglich sein stulgäng haben.

Die so keine Apotecken haben künden /
mögen ein träncklin brauchen võ Senet /
Engelsüß / Anis / klein Rosin / vnd Ing‐
wer oder Zimmetrören.

## 2. Durchlauffe.

SO der kranck den Durchlauff ge‐
winnet / wie offtmals geschicht /
soll mann brauchen mandelmilch
mit wasser / darinn goldt oder stahel abge‐
löscht / odder mit Gerstenwasser bereitet /
gestossen hüner / vnd Capaunenbrü / Item
Quittenlatwerge / Rob ribes / mit gestählt‐
tem wasser gemischt.

Item vor aller speise soll er essen alten

E

Rosenzucker oder Quitten Latwerge/ Item Rosenzucker mit Quitten latwerg gemischt.

Eusserlich soll mann den magen schmiren mit Oleo Cydoniorū, Mastichino, Oleo Nucis Moschatæ. Itē emplastrum de crusta panis vberlegen.

3. Vndawen oder Brechen des magens/ vnd fluxen.

Soll mann den magen außwendig stercken mit Rosenöli/ Quittenöli vnd Mastiröli/ Inwendig gebrauchen krefftige Capaunenbrü/ So von nöten/mag mann mit Manna ein linde purgierung bereiten.

So der Magen fluxet oder hetschet/ soll mann jhm Bolum Armenum mit Balsamsirup oder Borreswasser eingeben/ außwendig die vorige Oli gebrauchen.

4. Vnlust zur Speise.

So es krafft halben geschehen kan/ soll er ein milchwarm wasser für sich selbst/ oder mit essig vnd zucker ge=

Für die Pestilentz.

...mischet intrincken/ vnnd sich zum wür-
...en bewegē/ Ein lindes Clystir ist jm gut/
...die Bein soll mann mit tüchern reiben/
...soll trincken ein Gerstenwasser mit Ci-
...naten/ Granaten oder Ampffernsafft
...rmischt.

## 5. Hauptwehe.

Vr weethumb des haupts von hi-
tze/ soll mann arm vnnd bein oben
herab mit warmen tüchern reiben/
...e füß mit Rosenessig vnnd saltz reiben/
...nd stulzäpflin oder Clistirlin gebrauchē/
...der leib darneben verstopfft were. Vmb
...ie schläffe vnnd stirn brauchen vng. Ro-
...tum, populeum, Item Rosenessig vnd
...osenöli/ Violnöli.

Oder ein Epithema vber die stirn ma-
...hen von aqua Semperuiui, Nymphęę,
...yoscyami, Papaueris, Rosarum, Be-
...onicę vnd Rosenessig.

Item er soll gebrauchen Sirup von
...osen/ Violn/ de papauere, de Nym-
...hæa, de succo Endiuiæ.

E ij

## 6. Vnsinnigkeyt.

Die Arm vnd Bein soll mann jn
reiben/ Jtē mañ soll schrepffköpf
an die schuldern/ vnd arsbacken se
tzen/ Jtem mann soll jm die Pestilentz Ar
nei von dē Theriaca/ oder guldē Ey/ mi
Haußwurtzwasser oder mit Lattichwasse
ingeben.

Den mundt soll er offt schwencken mi
Gerstenwasser/ darüder essig gemischt sei

Item andere külende artznei/ so zun
Hauptwehe vnd wachen auch dienen/ g
brauchen.

## 7. Wachen.

Soll mann die schläff bestreiche
mit Oleo Violaceo, Rosato, V
guento populeonis.

Vber das Haupt soll mann schlage
kalte kreuter/ welche doch sollen warm ge
macht sein/ als von Haußwurtz/ Lattich
Seeblumen. Item Rosenkuchen mi
warmem Rosenessig vnd Holderblūtwa
ser besprengt/ vornen vbers Haupt lege
das har zuuor abscheren.

Ite

### Für die Pestilentz.

Item mann soll in ein tüchlein binden Ragsamen/ Lattichsamen/ Seeblumen/ Campher/ Soliches in Rosenessig feuchten/vnd für die nasen halten.

Oder volgende salb vber die stirn mit einem tüchlin legen.

Rec. Sem. Papau. nigri.
    Hyoscyami.
    Lactucæ.
    Rad. Mandragoræ.
    Violarum—— an. dr. iij.
    Ol. Violarum, Nymphææ.
    Lactis muliebris, an. vnc. ß. cum
      album. oui, fiat emplastrum.

### 8. Stetigs Schlaffen. Lethargus.

Soll mann brauchen starcke Clystir vnd zäpflin/ Item arm vnnd bein bindē/ die füß solen mit Saltz vnnd essig reiben/ für die nase halten starcken essig/ mit ein wenig Bibergeyl in einem tüchlin.

### 9. Durst.

## Ordnung

Sollen gebraucht werden külende vnd feuchtende ding/soll der mud offt geschwenckt werden mit brunnenwasser oder Gerstenwasser/vnd ein wenig Rosenessig darunder. Item mann soll im mundt halten Rosinlin/ Sawr guetschen/dürre inngeweichte kirsen/ Quittensafft/Pomerantzen/sawr öpffel in ein wasser schneiden/ darnach im mundt kawen/ vnd den safft herauß saugen/ Item mann mag gebrauchen Julep von Citrinaten sirup/ von Granaten Sirup/ Limonen sirup/Wegweiß/vnd dergleichen Sirup/ Item ein stück süßholtz im mundt halten.

Von gebrenten wassern seind gut/Ampfferwasser/Seeblumen wasser/ Endiuien wasser/ Wegweißwasser/ Haußwurtz wasser/Violnwasser/ darunder gemischt Limonensafft/Violnsafft/Agrest/vnd die pastillos de Camphora.

Item mann soll in ein tüchlein binden Quittenkern/solches in Rosenwasser oder sonst einem külenden wasser netzen/ daß es ein schleim gibt/ vnd in dem mundt vff der zungen halten/ Das trincken soll sein

ein

### Für die Pestilentz.

n Gerstenwasser oder von Ampffern/
attich/ Endiuien oder Wegweißwasser/
arunder ein Limonensirup oder Citrinenſafft gemischt / oder ein Oxyſacharū.

Die leffzen vnd zung mag mann auch mit dem **ſchleim** des ſamens pſyllij beſtreichen.

### 10. Hertzzittern.

Soll mann ein Epithema machen ober das hertz vonn Roſen waſſer/ Borreswaſſer/ Campffer/ Santelholtz/ oder volgendes ſäcklin machen.
Rec. Florum Bugloſſæ, Violarum, Roſarum, an. M. ß. Santal. omnium an. dr. j. Coral. rub. præp. dr. j. margar. præp. ſcr. j. fiat Sacculus cordialis. Diſes ſäcklein ſoll mann in den vorgemelten waſſern netzen/ vnd ober das hertz ſchlagen.

Item mann ſoll das hertz mit volgendem ſälblin ſchmieren.

Rec. Ol. Roſati.
    Violati.
    Nenupharini, an. drach. ij.

E iiij

Corall. rub.
Rosar. rubear.
Santali rub. an. scr. ij.
Camphorę gr. ij. cum cera fiat vnguentum.

## 11. Onmacht.

Soll mann die arm vnd bein sanfft reiben/Das Angesicht mit Rosen wasser besprengen/einnemen j. löffelvol Sirups acetositatis citri, vnd ein wenig Boli armeni/mit Ampffernwasser odder mit Ochsenzungen wasser gemischt.

## 12. Schwerer athem.

Soll man brauchen die Tabulata Diaireos simp. Diatrag. frig. Troch. Bechij. Sirup. de Glycyrrhiza, Lohoch sanum, Saccharum penidiarum.

## 13. Breune.

Soll

### Für die Pestilentz.

Oll man/ so es von nötē/ die Ader vnder der zungē öffnen / den mudt gargeln mit Gerstenwasser/ darin̄ Quittenkern oder Tragacāthum gesotten / oder darinn safft von gestossenen rohen krebsen gemischt.

Die zung mag man salben mit zergangenem Hünerschmaltz/ oder mit Rosenöli vnd Rosenhonig/ jedes gleich viel durch einander gemischt.

Item den mundt wol seubern mit einem tüchlein vnd zungschaber in Gersten wasser vnd essig genetzt. Vber diß alles ist gut haußwurtz wasser/ darin̄ Salarmonia cum zertrieben/ den mundt darmit geweschen.

### 14. Halsgeschwer. Angina.

SO die mädeln im hals geschworn/ soll mann auch vnder der zungen lassen/ den halß gargeln mit Gerstenwasser/ vnd Maulbersafft/ süßholtz vn̄ zucker Candi im mnudt halten.

### 15. Seiten wehe. Pleuritis.

So Pleuritis oder seitenwehe nach
anfang der Pestilentz sich erzeiget/
soll mann sittiglich lassen an dem-
selbigen ort schrepffen / Dañ die Aderlässe
als dañ nicht allwegen gut ist/darnach soll
**mann** gebrauchen was zur linderung des
stechens vnd hustens dienet/wie das in der
Cur der Pleuritidis sich gebüret.

### 16. Husten.

Soll mann gebrauchen Saccha-
rum penidiarum, Trochiscos
Bechios, Diatrag. frig. Süßholtz
safft / wasser mit zucker Candi vnnd klein
rosin gesotten / wie solches der husten inn
Pestilentzischen **febern** erfordert.

### 17. Würme.

Salb den bauch mit bitter mandel-
öli/oder Wermutöli/ auff den na-
bel soll mañ legen ein außgehölet
zwibel/so mit Aloe wider zügefüllet vnnd
gebraten.

Item mann mag innemen Spc. Dia-
tur-

Für die Pestilentz.
turb. cum Rhabarbaro zwei quintlin in einem süplin.

Den kindern soll mann das puluer von dem kraut Corallina ingeben.

## 18. Bluten der Nasen.

SO das nasenbluten den krancken ankeme/ vnnd solches vberflüssig vnnd zuuiel flüsse/ daß der kranck dardurch math würde/ Sol mann die beine vnden mit schleiern binden/ deßgleichen die finger mit nesteln binden/ an die rechte seiten nebē dem hertzkeutlin/ schrepff köpff on picken setzen.

Item mann soll blutstillung von Bolo Armeno, sang. Draconis, Hæmatite, Creta vnd Acceto vber die stirn schlagen.

Oder alten offenleymen mit essig auff ein tuch streichen vnd vber die stirn schlagen/ vnnd weitere blutstillung/wie in solchem fall gebüren/gebrauchen.

Oder volgendes Sälblin mit einer feisten wollen vber die stirn legen.

Rec,

Ordnung

Rec. Lapidis Hæmatitis.
Sanguinis Draconis.
Boli Armeni, an.
Cum album. oui. Aqua Rosacea & modico aceti, fiat vnguentum.

Auß jetzigen stücken mag mann auch Nasen zäpflein machen/ vnd solche in das blutende naßloch thun.

Er soll trincken ein gestählet wasser/ darin gesotten sey der samen Sumach/ oder mag ein tranck gemacht werden von Sirupo Myrtino, Conserua Rosarum/ Wegrichwasser/ Burtzelkrautwasser/ Schaffthewwasser/ durch einander gemischt.

Für die Pestilentz.
# Dritter Theil
## Antidotarium.

Beschreibung etlicher besondern verordnung für die Pestilentz/ deren hierin meldung geschicht/ welche auch dißmal in den Apotecken alhie zugericht werden.

Wiewol in allen Apotecken etliche stücke allwegen zu gemeinem gebrauch bereit gefunden werden/ Als der Tiriac/ der Mithridat/ das gulden Ey/ die küchlin liberantis/ vnnd die Pestilentz pillen/ Ruffi genennt/ welcher hierin gedacht wirdt/ Dieweil aber auch etlicher besondern Compositionen vnnd verodnungen wider die Pestilentz/ welche wir gantz erspriesßlich/ vnnd wol beweret/ in disem fall erfaren haben/ vnd solch auch in den Apotecken bey vns zügerichtet werden/ meldung hierin geschicht/ seind solche hernach zum trewlichsten beschrieben.

THE-

Ordnung

# THERIACA SEV ANtidotus contra Pestem.

Rec. Theriacæ opt. Alex. vnc. ij.
 Mithridati vnc. j. Electu. de ouo vnc.ß.

Rad. Angelicæ, Gentianæ. Diptamni, Zedoariæ. Valerianæ, Tormentillæ, Pimpinellæ, Serpentariæ, Aristol. rot. Leuistici, Petasitidis, Cardopatij,

Fol. Carduibenedicti, Scordij, Galegæ, Baccarum lauri. an. dr. j.

Boli armen. præp. cum aqua acetosæ, Terræ sigil. an. dr. ij. ß.

Croci scr. ij. Myrrhæ dr. j. Camphoræ dr. j. ß.

Florum sulphuris (loco eorum sulph. viui) dr. ij.

Cinnamomi dr. iij. Ossium de corde cerui dr. j.

Sp. Elect. de gemmis frig. & calid. Diamarg. frig. Diamusci dul.

Diambræ, Diatriasantali, an. dr. ß.

Succi Scordij, Suc. Galegæ, an. vnc. ß.

Consf.

## Für die Pestilentz.

Conf. anthos, Conf. buglossæ, boraginis, an. vnc. j. ß.
Aquæ vitæ contra Pestem vnc. j.
Sir. acetosit. citri. q. s. pro mixtuta.
Dosis dr. ij. pro robustis cum aqua & Sirupo appropriatis. Mediocribus drach. j. ß. Iunioribus dr. j. pueris dr. ß.

## *Electuarium præseruatiuum pro peste, de Galega.*

Herb. Galegæ. Scordij veri, an. M. j.
Cardui benedicti. Scabiosæ, an. M. ß.
Thuris. Mastiches. Myrrhæ. an. dr. ij. ß.
Rad. Diptamni. Zedoariæ. Galangæ, an. dr. vj.
Pimpinellæ, Tormentillæ, Gentianæ, Angelicæ, Serpentariæ, an. drach. v.
Boli armeni veri. Terræ sigil. an. dr. x. Cinnamomi vnc. j.
Macis, Nucis Mosch. Zinzib, an. dr. v. Santali citrini dr. vij.

The-

Theriacæ opt. Alex. Mithridati, an. vnc. j.

Cum melle despumato optimo, & Saccharo Rosato, Conserua Boraginis & Dianthos, an. q. s. fiat mixtura ad formam Opiatæ.

Sumuntur rotulæ duæ manè ad præseruandum.

## *Puluis præseruatiuus pro peste, de Galega.*

Rec. Scordij scr. iiij. Galegæ. Tormentillæ, Bistortæ an. scr. ij.

Diptamni Cret. dr. ß. Boli arm. præp. opt. dr. j. ß. Terræ sigil. præ. dr. j. Cornu cerui præp. vsti. dr. j. ß. Marg. præp. Cor. præp. an. dr. j.

Cinnamomi elect. vnc. j. Mastiches dr. ij.

Piperis longi, Galangæ, **macis**. Croci, an. dr. ß.

Cubebarum scr. ij. Gummi Arab. Tragacanthi, an. dr. j.

Puluerizētur singula seorsim, cribrentur

Für die Pestilentz.

...ur & misceantur. Dosis drach. ß. cum
qua trifolij acetosi ad præseruandum
mane ante egressum ex ædibus.

## Rotulæ præseruatiuæ de Galega, pro peste.

Rec. Scordij, Galegæ, Bistortæ, Diptam. Cret. an. scr. j.

Boli arm. præp. opt. Terræ sigil. opt. in aqua Ros. & Trifolij acetosi diligenter ad sordium vsq; separationem lotorum,

Cornu cerui vsti præp. an. scr. ij.

Margar. præp. Coral. rub. præp. an. drach. ß. Cinnamomi el. dr. iij.

Mastiches scr. iiij. piperis longi. Zin. Croci. an. gr. xvj.

Cum Sacchari vnc. viij. & aqua ros. fiant rotulæ.

Dosis, Rotulæ duæ in aurora.

## Puluis Cæsaris dictus, vulgò des Keysers Puluer.

Rec. rad. Tormentillæ, Serpentariæ,

Pimpinellæ, Gentianæ, Rutæ, Abſin
thij, Granorum Iuniperi, Iuglandi-
um, Theriacæ opt. Aceti Vini, an.
vnc.ij. Miſc. fiat puluis.
Sumitur dr. ß. manè ad præſeruan-
dum.

### Electuarium de nucibus pro peſte.

Rec. Ficuum pinguium nu. 32.
Nucum Iuglandium nu. 48.
Granorum Iuniperi.
Foliorum Rutæ, an. M. ij.
Salis cochlear vnum.

Contundantur ſingula ſeorſim, de-
inde commiſceantur, & affuſo aceto
in mortario redigantur in formam e-
lectuarij ſolidioris.

### Antidotus Saxonica, Vulgò,
### Des Herßogs von Sachſen Puluer.

Rec. Rad. Valerianæ, vulgò Theriacks
wurßel vnc. ß.

Für die Peſtilentz.

rticæ vrentis, Eyterneſſel vnc. j.
incetoxici ſeu hirundinariæ,
Schwalbenwurtz. vnc. j.
olypodij. Altheæ. Angelicæ ſatiuæ &
ſyl. an. vnc. ij.
or.rad. Laureolæ, Kellershalß wurtzel
vnc.j.ß.
accarum herbæ Paris dictæ, vulgò
Wolffsbeer vnd Einber. num. 26.
  Radices incidantur & affundatur
s acetum acerrimum, vt ſupereminé
t ad digiti vnius altitudinem, in olla
itreata, bene lutata. Bulliant ad len-
um ignem mediocriter. Hinc detecto
perculo effundatur acetū reſiduum
mne, & radices exiccentur. Exicca-
æ radices puluerizentur, additis gra-
is herbæ paris dictæ numer. 26. Fiat
uluis, qui reſeruetur vſui per ſe vel
um melle.
Doſis in adultis drach. j. In debilibus
  et pueris ſcr. ij.
  Antidotus hæc à clariſſimis Medi-
is Doctoribus Ioanne Moibano. Ioan
ne Cratone, & Cunrado Geſnero de-

F 2

scribitur. Nominis id habet, quia à ru[stico]
ſtico quodam, qui eius vſum contr[a]
peſtem & venena ſecretiſſimum ha[buit]
buit, olim Duci Saxoniæ commun[i]
cata fuit, qui poſtmodum in ſecret[i]
eandem habuit, & alijs principibu[s]
communem fecit.

## DESCRIPTIO ELE[c]
ctuarij de Ouo, quod vulgò vocant
Electuarium Cæſaris Maximilia-
ni, Keyſers Maximiliani Lat-
werge/oder Gülden Ey.

Rec. Ouum gallinæ recens, perfo[-]
retur modicè in parte acuminata, v[t]
albumen effluere poſſit, vitellus au[-]
tem in teſta maneat. Hinc repleatur o[-]
uum cum croco ſufficiente quantu[m]
capere poteſt, & miſceatur cum vitel[-]
lo in teſta. Pòſt ſume partem teſt[æ]
alterius oui, & impone foramini, &
conueniente luto agglutina. Quo fa[-]
cto imponatur ouum in cineres cale[n-]
tes, vt lentè torreatur, donec teſta ad[u-]
ratur

Für die Pestilentz.

...ntur. His peractis remoueatur testa
...t vitellus cum croco tostus in morta-
...io probè contundatur. Postea recipe
...minis Erucæ ad quantitatem totius
...ui, tundatur seorsim. Zedoariæ, Pim
...inellæ, angelicæ, an. dr. ß. Diptamni
...lbi, Tormentillę, Scordij, an. dr. ij. Nu
...is vomicæ, Camphoræ, an. dr. j. Tun
...atur sigillatim, deinde pulueres dicti
...ēs cōmisceantur, & addatur ijs The-
...riaca optima ad quantitatem omniū,
...cōtundantur cuncta sic commixta per
...duas integras horas in mortario, & fi-
...at massa solida, quæ seruetur vsui.

Manet incorruptum ad plurimos
annos, & quò antiquius, hòc præstan-
tius.

Datur adultis in curatione ad scr. iiij.
Mulieribus et adolescentibus dr. j. pue
ris dr. ß. Ex aqua acetosæ, Rosacea, Tri
folij acetosi, vel aceto.

Alij plura huic descriptioni tam sim
plicia quàm cōposita admiscent. Nos
vulgatam retinemus. Si. n. considere-
mus Theriacam quæ additur, habet

F 3

hæc omnia ea ingredientia,quæ reliqui vlterius aceruant.

### *Pomum Ambræ tempore pestis in æstate gestandum.*

Rec. Santal.rub.& citrin. Carabæ. Coral.rub. Spodij,Rof.rub.
Florum Nenuph. Semin. Acetosæ Rad. Ireos,an.dr.j.
Tragacanthi in aqua Rosacea infus dr.ij. Camphoræ scr. ij.
Styracis liquidæ dr. j. ß. Boli arm. Mastiches an. dr. j. Ladani puri vnc. ß
Xyloaloës dr. j. Galliæ Mochatæ, Ambræ, an. gr. x. Musci, gr. v.
Dissoluantur pulueres cum Tragacantho, Musco, Ambra & Gallia Moschata in aqua Rosarum, & fiat massa pro pomo.

### *Pomum tempore hyemis.*

Rec.Cort. Citri. Sem. acetosæ,an. drach.ij.

Men

### Für die Pestilentz.

Menthæ siccæ. Calami Aromatici, Myrtillorum, Rad. Valerianæ, an. dr. j.

Cardamomi. Santali citrini, Xyloaloës. Nucis Moschatæ. Cinnamomi, Caryophylorum. Mastiches, an. drach. j.

Camphoræ scr. j. Ladani, Styracis calam. Benzoi, an. dr. ij.

Musci, scr. j. Fiat massa pro pomo odorifero.

### *Trochisci pro fumo, in æstate.*
### Rauchküchlin Sommerszeiten.

Rec. Ladani puri vnc. j. Styracis Cala. vnc. ß.

Rosarum rub. sic. Florum Violar. Flor. Nenupharis, an dr. iij.

Cort. citri vnc. j. Myrrhæ, Thuris, an. scr. ij. Santali vtriusq;, an. dr. j. ß.

Camphoræ dr. ij. Styracis liquidæ dr. j. Succini drach. ß. Benzoi dr. ij.

Terantur, & fiant Trochisci cum aqua Camphorata.

## Ordnung

### Trochisci pro fumo tempore hyemis, Rauchküchlin Winterszeiten.

Rec. Ladani. Vernicis, an. drach. ij.
Terebinthinæ, Mastiches, Styracis calami. an. vnc. ß.
Caryophil. Macis. Croci. Xyloaloës, an. drach. j.
Galliæ Mosch. Aliptæ Mosch. Nucis Moschatæ.
Benzoi albi & rub. Calam. Aromatici, Cort. citri.
Maioranæ, Cinnamomi. an. dr. ij.
Myrrhæ, Thuris, an. drach. ß. Musci, ambræ, an. scr. ß.
Terantur terenda, & incorporentur omnia in mortario cum pistillo calido, & fiant Trochisci.

### Puluis communis pro suffumigio ædium.

Rec. Thuris vnc. iij. Mastiches, Myrrhæ, an. vnc. j.

Bac-

Baccarum Iuniperi vnc. vj. Baccarum
  Lauri vnc. ij.
Rad. Angelicæ, oftrutij, an. vnc. ß.
Fol. Rofmarini, Abfinthij, Bethonicæ,
  Maioranæ, Saluiæ, Rutæ, Scordij,
  Origani. Menthæ. Flor. Lauendulæ,
  an. M. j.
Rof. rubearum. M. ij. Caryoph. vnc. ß.
  Thymiamatis vnc. iiij.
Mifceantur groffo modo in puluerem.

### Suffumigium pro ditioribus.

Rec. Thuris, Maftiches, Myrrhæ, Benzoi, Styracis Calamitæ, Galliæ Mofchatæ, an. vnc. ß.
Thymiamatis vnc. ij.
Rof. rub. Maioranæ, Rorifmarini, an. M. ß.
Caryophylorum vnc. j.
Mifc. Fiat puluis groffus.

### Aliud Suffumigium pro pauperibus.

Rec. Summitatum Absinthij.
Baccarum Lauri.
Granorum Iuniperi.
Thymiamatis, an. gleich viel.
Misceantur & fiat puluis grossus.

## SEQVVNTVR SIN-
*gulares aliquot celebres compo-*
*sitiones, quas hîc subnecte-*
*re placuit.*

Aqua vitæ composita, mirabilis, &
*contra grassantem pestem sæpissimè pro-*
*bata, ex Chun. Gesneri de se-*
*cretis to. 2.*

Rec. Rutæ domesticæ recentis, Sal-
uiæ, Lauendulæ, Libanotidis, Rori-
smarini. Rad. Tormentillæ, Pimpi-
nellæ, Valerianæ, Bistortæ, an. dr.
ij. Baccarum lauri, Iunip. an. dr. j.
Terræ sigillatæ. Boli Leuantici, an.
scr. iiij.
Rad. Pseudodictamni, Sem. sancti, Be-
nedictæ, Caryophylatæ, Elenij, Gen-
tias

tianæ, Rhapontici Dioscoridis, Ci-
ambet (fortè zurumbet) an. vnc.
iij.ß. Coriandri præparati, Acetosæ,
Basilicæ, Pimpinellæ, an. scr. ij.ß.
Trium Santalorum an. dr. j. Florum
Borag. Buglossæ, Ros. rub. an. p. ij.
Been albi & rubri, an. dr. j.
Cort. arantiorum acetosorum, Citri.
mali granati, an. dr. j.
Contusis & incisis grosso modo, distil
lentur secundū artem per alembicū
in vino sublimato & rectificato ad
sufficientiam, quantitatis lb. viij.
Postea recipe piperis albi, Cinna-
momi, Granorum paradisi, Mace-
ris, Nucis moschatæ, Cardamomi,
an. vnc. ß. scr. iiij. Croci. drach. ij.
Galangæ, Cubebarum, Caryophy-
lorum, Calami arom. an. scr. iiij.
Sp. liberantis, cordialium, contra pe-
stem, an. drach. iij. Diamusci dul.
de gemmis, an. dr. j. ß.
Incisis ac contusis, infundantur in
præscripto destillato vino, stent in
loco tepido per horas 48. Deinde
distil.

deſtillentur ſimul per Alembi-
cum ſapientiæ luto prælutatum. A-
romatizentur poſtea. Muſci Alex-
andrini gr. xvij. Ambræ griſeæ gr.
xij. croci. ſcr. v. In rubra ſindone li-
gata, proijciantur in vas, & bene
obturentur, ad vſumq́; ſeruentur.

## *Aqua vitæ alia contra peſtem, ex Geſnero de ſecretis, quam ex libro quodam manu ſcripto citat.*

Rec. Caryophylorum dra. ß. Cin
namomi, Zedoariæ. Rad. Valerianæ,
Pimpinellæ, Tormentillæ, Florum Ro
ſarum, an. drach. j. Santali citrini &
rubei, Spodij, Cort. citri, Doronici,
Terræ ſigillatæ, Diptamni, Seſeleos,
Meliſſæ, Maioranæ, Enulæ Campanæ,
Sem. ſeſeleos, Carabe, Rhabarbari, Nu
cis Moſchatæ, Macis, an. drach. ß. Sca-
bioſæ, Flor. Bugloſſæ, Borag. Anthos,
Cornu cerui vſti, Rutæ, Coriandri

præ-

præparati, Spe. de gemmis, Liberantis, Diacameron, Lætitiæ Almanforis, Diarhodon Abba. Diamargar.tonis, Hiacynthi, Smaragdi, Margar. splendidarum, an. drach. j. Mithridati, Theriacæ Venetæ, boli arm. an. scr. ß. Folij auri & argenti, an. nu. vij. Vini ardentis optimi lb. viij.

Contundantur omnia optimè, & misceantur cum vino sublimato, ponantur in vas vitreatum, obturetur eius orificiū optimè, ne quid exhalet. Stent in infusione tribus diebus, deinde distillentur lento igne secūdum artem per balneum Mariæ, Detur de ea in peste cum Electuario appropriato.

## *Aquam ardentem contra pestem,*

Describit Guaynerius in tractatu de peste, diffe. secunda, tractatu 2. cap. 3. quam super omnia alia antidota extollit: quæ à nostris etiam hodie celebratur.

bratur. Descriptionem qui volet, in ci
tato loco inueniet.

*Aqua Bezoartica seu Alexi-*
*pharmaca cõtra pestem, Doct.*
*Iacobi Theodori,* ex li-
*bro ipsius de peste.*

Rec. Rad. Angelicæ, Valerianæ, an.
vnc. iiij.
Granorum Iuniperi. Dictamni albi.
Tormentillæ, Serpentariæ, Gentia-
næ, Pimpinellæ, Aristol. rot. an.
vnc. ij.
Rad. Enulæ. Rad. Asclepiadis, an. vnc.
j. ß. **Cort.** citri, Boli armeni, an. vnc. j.
Croci, Zedoariæ, Doronici, Sigilli
Lemnij, an. vn. ß. Corall. alb. & rub.
Sem. Thlaspi. Sem. oxalidis, an. dr. j.
Myrrhæ elect. dr. ij. Cornu cerui v-
sti scr. ij. Herbæ Saluiæ. Rutæ, Pulegij,
Calaminthæ Italicæ. Scabiosæ, Basili-
cæ, Veronicæ, Maioranæ, an. M. ij. Fu
mariæ, Scordij, an. M. j. ß. Florum, Bo
rag.

rag. Buglossæ, Violarum, Rosmarini, an. p. j.

Terantur omnia in puluerem crassiusculum, & ponantur in vase vitreo mundo, addendo Theriacæ Andromachi, vnc. iiij. Mithridati vnc. iij. Misceantur probè, & affunde vini sublimati rectificati lb. viij. Aquarum stillatitiarum Oxalidis & Cardui benedicti, an. lb. iiij. Misce & pone ad Solem per dies 14. Deinde destillentur per vesicam, magna diligentia, vel in Balneo Mariæ. Postea recipe Cinnamomi electi, vnc. ß. Sp. Diamarg. frig. Macis, Nucis Mosc. an. dr. ij. Santali rub. & citr. Zedoariæ, an. dr. j. Caryoph. Ligni aloës. Sp. læt. Gal. Lætif. Razis. Elect. de gemmis frig. an. scr. j. Mosch. Ambræ, an. gr. ij. Terenda terantur crassiuscule, & probè cũ reliquis misceantur, & in syndone rubea colligata, cũ filo in prædictam aquam dimittantur. Dosis eius vnc. iij. per se. Miscetur item cum alijs medicamentis.

## Ordnung
# THERIACA D. And.
## Matthioli, contra pestem & Venena.

Rec. Rhabarbari.
   Rhapontici ex ponto aduecti.
   Rad. phu.
   Acori veri seu calami aromatici vulgaris.
   Cyperi.
   Quinq;folij.
   Tormentillæ.
   Aristolochiæ rot.
   Pæoniæ.
   Enulæ.
   Costi.
   Iridis Illyricæ.
   Chamæleontis albi.    an. dr. j.
   Galangæ.
   Imperatoriæ.
   Diptamni albi.
   Angelicæ.
   Millefolij.
   Filipendulæ.

Für die Pestilentz.

Zedoariæ.
Zinziberis. an. scr. ij.
Agarici, drach. j.
Libanotidis maris.
Gentianæ.
Morsus diaboli. an. scr. ij.ß.
Sem. Citri.
Viticis.
Cocci tinctorij.
Fraxini.
Oxalidis.
Pastinacæ sylvestris.
Napi.
Nigellæ.
Pæoniæ.
Ocymi.
Irionis.
Thlaspi.
Fœniculi.
Ammi. an. scr. ij.
Baccarum Lauri.
Iuniperi.
Hederæ.
Smilacis asperæ.
Cubebarum, an. drach. ß.

Foliorum Scordij.
Chamædryos.
Chamæpytios.
Centaurij minoris.
Stœchadis.
Nardi celtici.
Calaminthæ,
Rutæ.
Menthæ.
Bethonicæ.
Verbenacæ.
Scabiosæ.
Cardui benedicti.
Melissophylli,an. dr. s.
Dictamni cretici. dr. j.
Maioranæ.
Hyperici.
Iunci Odorati.
Marrubij.
Galegæ.
Sabinæ.
Pimpinellæ, an. scr. ij.
Caricarum.
Nucum iuglandium.
Pistaceorum, an. vnc. j.

## Für die Pestilentz.

Myrabolanorum emblicorum scr.iiij.
Florum Buglossi vtriusq;.
   Rosarum.
   Lauendulæ.
   Saliuæ.
   Rorismarini. **scr.j.gr.vij.**
Croci,dr.j.
Cinnamomi, dr. iij.scr.j.
Caryophyllorum.
   Nucis Moschatæ.
   Macis, an.scr.ij.ſ.
Piperis nigri.
   Longi.
   Santalorum omnium.
   Agallochi,an.dr.ſ.
Cornu cerui crudi,scr.iiij.
Vnicornu,scr.j.
Ossis **cordis cerui.**
   Ramentorum eboris,
   Virgæ ceruinæ.
   Castorij, scr.j.gr.vij.
   Terræ Lamniæ, dr.j.
   Opij, dr.ß.
   Margaritarum Orientalium.
   Ramentorum Smaragdi.

Hyacinthi.
Coralli rub. an. drach. ſ.
Camphoræ, ſcr. ij.
Maſtiches.
Thuris.
Styracis.
Myrrhæ.
Gummi Arabici,
Reſinæ Terebinthinæ.
Sagapeni.
Opoponacis.
Laſerpitij. an. ſcr. ij. ſ.
Moſchi odorati.
Ambari, an. ſcr. j.
Olei de Chalcantho confecti, ſcr. iiij.
Pulueris cordialis temperati.
Diamargariti.
Diamoſchi.
Diambræ.
Elect. de gemmis.
Paſtillorum Caphuræ.
E uipera.
E Scylla, an. ſcr. ij. ſ.
Succi Oxalidis.
Sonchi.

## Für die Pestilentz.

Scordij.
Echij.
Buglossi.
Melissophylli, an. vnc. ij.
Hypocisthidis, scr. ij.
Theriacæ electæ.
Mithridati optimi, an. vnc. ij.
Vini veteris albi odorati, lib. j.
Mellis optimi, lib. ij. vnc. x.
Singulis fidelissimè exquisitis, fiat Electuarium, in modum Theriacæ aut Mithridati.
Datur per se drach. j. ß. põdere cum aqua Oxalidis vel aceto, in peste correptis, vel datur simul cum Electuario de ouo, & alijs additis, in hunc modum.
Rec. Theriacæ prædictæ scr. iiij.
Elect. de ouo. scr. j.
Sirup. acetos. citri, vnc. j.
Aqua trifolij acetosi. q. s. ad dissoluendum.
Fit ex hac ipsa Theriacalis aqua, cuius descriptio sequitur.

## Aqua Theriacalis Matthioli ex prædicta Theriaca, contra pestem & venena præstantissima, Ex eodem loco.

Rec. Theriacæ Matthioli contra pestem iam descriptæ lb. j.
Sirup. de corticibus citri lb. j.
Aquæ vitæ ex vino, optimæ, ad quintam vsq; essentiam repurgatæ lb. v.

Inijciantur omnia hæc in vas vitreum, quod sit duplæ à rebus his inditis capacitatis. Hinc ore vasis bene obturato, vt nullus spiritus exhalare possit, agita aquam cum Electuario in vase donec totum dissoluatur. Hinc vasis ore manente bene obturato, cera, vel pice, reponatur in mensem integrum. Singulis tamen hebdoadibus bis vitrum cum inditis rebus agitetur, manibus concutiendo. Post exactum deinde mensem inuenies aquã claram, aureo colore nitentem, electuario supernatare, quæ omnem illius vim in se contraxit. Aperto igitur tū vase, aquam illam supernatantem in aliud vas vitreum affunde, ac cum cera et membrana ora vitri bene obturato, ne quid expiret, vsui reserua. Quòd si per negligentiam vitrum diei spacio apertum maneret, omnis aqua in aërem euanesceret.

VSVS. Huius aquæ tanta efficacia est, vt drachmarū quatuor pondere pota, omnibus letalibus venenis adeò resistat, vt ægros in mortis discrimine constitutos, amissa voce, visu, & reliquis ferè sensibus, restituat, & à somno quasi excitet.

Propinatur vel per se, vel cum liquore aliquo stillatitio cordiali, vel cum quantitate vini odorati, hunc in modum.

 Rec. Aquæ Theriacalis prædictæ,
  Vini albi generosi, an. vnc.ß.
 Misc.

## Beschluß.

Also/ Christlicher günstiger Leser/ hastu einen kurtzen trewlichen bericht/ als viel zur notturfft genug ist/ Hab solches für die frommen einfältigen gestelt. Wer volkomenern bericht zuhaben begert/ der kan solchen bei andern Scribenten/ so weitleufftig hieruon geschrieben/ notturfftig ersuchen.

Der Allmechtiger/ Ewiger/ Barmhertziger/ Güttiger Gott vnnd Vatter vnsers Heylandts vnd Herrn Jesu Christi/ wölle vns sein Genade vnd segen zur Buß vnd besserung vnsers lebens verleihen/ vnnd seine Ruthe/ vnnd woluerdiente straffe vnserer sünden gnediglich abwenden/ vnnd durch denselben vnsern Herrn/ Heylandt/ vnd Seligmacher Jesum Christum/ das ewig leben bescheren.
Amen.

SOLI DEO GLORIA.

HYM-

Für die Pestilentz.

## HYMNVS PESTIS
deprecatorius, Doct. Joannis Langij, Archiatri quondam Principum Palatinorum Rheni.

Christe qui patris iubar es perēne,
Noxiā pellas nebulæ Mephytim,
Sæua ne pestis miseros ad orcum
                    Deferat ægros.
Quæso te Christum, miserere nostri,
Quæso, ne tanto populi mœrore,
Pestifer Pyrrhæ sobolem **putore**
                    Enecet Auster.
Christe rex clemens miserere vulgi,
Quem **tuo** sacro redimens cruore
Passus, expansis manibus, cruenti
                    Tormina leti.
Mole delicti, fateor, grauati
Corde contriti veniam precamur,
Christe, nos tristes putrida ministros
                    Peste leuato.

Gloriam patri recitemus almo,
Supplices Christum veneremur oēs,
Spiritum Sanctum celebrent canora
      Voce Leuitæ.

Vff

## Vff s Teutsch also.
# Ein Christlich Liedt für
### abbittung der Pestilentz.

HErr Christ des Vatters ewig liecht/
Verlaß vns arme sünder nicht/
Die schwere seucht võ vns abwend/
Daß vns nicht werdt verkürtzt das end.

Es seindt Herr vnser sünde schwer/
Daß es gar nicht ein wunder wer/
Daß lufft / vnd alle Element/
Durch dich vns würden gantz entwendt.

Aber/Herr/dein Barmhertzigkeit
Schreien wir an in vnserm leyd/
Dein Heylig Leidn vnd bitter Todt
Sei vnser heyl in aller noth.

Vnd bitten dich gantz hertzigklich/
Neig dich zu vns/ HErr/ gnedigklich/
Vns arme sünder nicht verschmeh/
In allen nöten vns beisteh.

So

So dancken wir dir alle stundt/
Vnd preysen dich von hertzen grundt.
Vnd bitten dich/mit deinem Geyst
In aller noth vns beystand leyst.

### AMEN.

Getruckt zu Franckfurt
am Meyn/Bey Christian Ege-
nolffs seligen Erben.

Anno M. D. LXXII.